CÓMO ANA

PERSONAS

LA GUÍA DEFINITIVA PARA APRENDER A LEER CON VELOCIDAD A LAS PERSONAS, ANALIZAR EL LENGUAJE CORPORAL Y CONVERTIRSE EN UN DETECTOR DE MENTIRAS HUMANAS

Table of Contents

Introducción

Si quieres asegurarte de saber lo que siente una persona con solo mirarla a la cara, tal vez sea hora de entender un poco más sobre la lectura corporal, que no es más que darte cuenta de que los gestos y las posiciones también tienen mucho que decir, mucho más de lo que puedes imaginar.

Para darte una idea, el 55% de la información que una persona transmite cuando se comunica proviene del lenguaje corporal. Esta cosa de la lectura corporal es tan curiosa que es interesante destacar algunos de los muchos tipos de investigación que ya se han realizado sobre el tema:

¿Sabías, por ejemplo, que los psicópatas pueden detectar la vulnerabilidad solo analizando la forma en que una persona camina?

Otro estudio sugiere que es posible entender lo que piensa un político sobre un tema en particular basándose únicamente en sus manos. ¿Posible?

Cómo "leer" a alguien

Por lo general, se pregunta cómo una persona interpreta a la otra a través del lenguaje corporal. Debes estar atento a las señales inconscientes emitidas por tu interlocutor, sin que este sepa que están siendo analizadas. Los tres puntos clave del lenguaje corporal son:

Habla y comportamiento: para saber si una persona se siente emocionalmente en sintonía contigo, fíjate si usa las mismas palabras que tú; hablan en un tono y una velocidad similares a los que usas para hablar; si están sentados en la misma posición que usted. Si la conversación continúa a un ritmo que la hace sonar como un juego de "seguir al maestro", la conexión emocional entre ambos está adecuadamente establecida;

Niveles de agitación y actividad: si la persona no se mueve, tiene poco interés en lo que tienes que decir; sin embargo, si se acaba después de la reunión, indica que está emocionado. Varias encuestas ya han confirmado que cuando una mujer balancea los pies durante una cita romántica, probablemente le guste el hombre con el que está.

Énfasis y sincronización: el término "sincronización" significa que la persona está hablando o haciendo lo correcto en el momento adecuado. Si además de tener un horario para los comentarios relevantes, la persona enfatiza puntos específicos, significa que están enfocados y controlados. Por otro lado, una persona que no muestra seguridad en lo que habla, por falta de tiempo y énfasis, es fácilmente manipulada.

Aún así, en la búsqueda de la excelencia en el lenguaje corporal, debe prestar mucha atención al interlocutor. En ese sentido, existen sesgos que debes analizar para mejorar tu capacidad de percibir:

Piense en el contexto: ¿Las personas en esta situación actuarían de la misma manera que actúa la persona que está hablando con usted?

Busque acciones conjuntas y no aisladas: no se centre en un solo detalle o gesto. Observe siempre todo el cuerpo.

Compare: ¿Cómo actúa normalmente esta persona?

Sepa que sus prejuicios pueden engañarlo. Para entender al otro, necesitas comprenderte a ti mismo: mira si no sacas conclusiones porque te gusta o porque no te agrada la persona.

La forma en que se comunica el cuerpo humano es a menudo objeto de investigación, y los científicos han llegado a algunas conclusiones específicas bastante curiosas sobre el lenguaje corporal:

Las piernas cruzadas son una mala señal durante las negociaciones. Suena extraño, pero las reuniones de negocios terminan mejor cuando nadie tiene las piernas cruzadas. Solo para darte una idea, el análisis de 2000 reuniones mostró que ninguna terminó bien cuando al menos una persona tenía las piernas cruzadas.

¿Quieres saber si alguien está mintiendo o traicionando tu confianza? Observe que durante una conversación la persona tiene estas cuatro actitudes: se apoya en la mano, se apoya en el rostro, se cruza de brazos y mantiene una postura inclinada en algún lugar, no erguida. Estos signos aislados no son mucho, pero cuando se presentan juntos, probablemente indiquen mentiras y / o traición;

Por otro lado, la investigación ya ha demostrado que las personas de confianza son emocionalmente expresivas. Confíe en alguien que agrada a todas las personas y no solo a un grupo específico.

En cuanto a las manos: los gestos realizados con las palmas hacia abajo indican poder y lo contrario es sumisión.

Capitulo 1: La importancia de analizar a las personas

Su capacidad para analizar a las personas puede determinar si tendrá éxito o fracasará. Los seres humanos son animales sociales. Casi siempre necesitamos la participación de otros seres humanos para lograr nuestras importantes metas en la vida. Pero, ¿qué pasa si nos enfrentamos a personas que no son aptas para sus roles? Sufrimos la derrota. Por tanto, es de suma importancia poder analizar a las personas. Los siguientes son algunos de los beneficios de analizar personas.

Te ayuda a conocer a tus aliados

Te guste o no, no le gustará al mundo entero. Algunas personas estarán a tu favor y otras personas estarán en tu contra. Para maximizar sus posibilidades de éxito, debe trabajar con personas a las que les agrada, mientras ignora a las que no les agradan. Tu capacidad para analizar a las personas te ayudará a identificar a quienes están a tu favor. Teniendo en cuenta que las personas pueden ser bastante complejas, no se puede exagerar su capacidad para comprender su verdadera personalidad. Por ejemplo, si está siguiendo una carrera que implica servir al público, se encontrará rodeado de todo tipo de personas. Claramente, no todas esas personas le desean lo mejor. Sin embargo, al mismo tiempo, no todos están en tu contra. En tal situación, debes tener mucho cuidado, no sea que termines trabajando con tu enemigo que eventualmente te derribará. Si le cuentas tus secretos al enemigo, él saldrá corriendo y lo contará todo. Si te acercas lo suficiente al enemigo, podría sembrar malos pensamientos en tu mente, que te verán tomando la dirección equivocada. Todo esto puede evitarse si agudiza su capacidad para distinguir a las personas buenas de las malas.

Por supuesto, esta no es una habilidad que pueda desarrollar de la noche a la mañana. Tienes que practicar repetidamente hasta que seas bueno para detectar los falsos.

Ayuda a evitar conflictos

En la mayoría de los casos, el conflicto surge debido a la disparidad de expectativas. En una relación, si el hombre espera algo de su pareja y su deseo nunca se cumple, puede causarle dolor. Y lo contrario es cierto. Estos son el tipo de escenarios que causan conflicto en una relación. Si el hombre se hubiera tomado el tiempo para entender cómo es realmente su pareja, no se sorprenderían más adelante, cuando su pareja se comportara de cierta manera. Por lo tanto, es importante comprender a la persona con la que entablas una relación, ya que esto minimizará tus peleas. Analizar a una persona te ayuda a comprender sus factores desencadenantes. Tienes la oportunidad de decidir si quieres o no involucrarte con ellos. Si está buscando un compañero de vida, hay algunas cosas en las que no puede comprometerse, por lo que debe analizar a los posibles candidatos para saber si poseen o no estas características. Si ignora este paso, corre el riesgo de tener un matrimonio tumultuoso. Comprender cómo son las personalidades de otras personas es una forma de educarse sobre cómo actuar o no actuar frente a estas personas. Cuando aprendas que a alguien no le gustan los chistes cursis, dejarás de actuar de una manera cursi y, al mismo tiempo, cuando te des cuenta de que alguien tiene una actitud muy divertida, intentarás no ser un aburrido.

Te permite apreciar la diversidad

Los seres humanos son increíblemente diversos. Y eso es bueno. Realmente no puedes entender esta diversidad hasta que prestes atención a otras personas. Alguien que viene de Asia puede exhibir ciertos rasgos de personalidad que difieren del estadounidense promedio. Esta no es una oportunidad para criticar al asiático por ser diferente a ti, sino más bien, es una oportunidad para apreciar la singularidad del asiático. Las personas que critican a los demás por ser diferentes a ellos son simplemente de mente estrecha. Analizar a las personas te da el poder de reconocer y aceptar nuestras diferencias. Te convierte en una persona más culta. Si viaja a otras partes del mundo, encajará fácilmente porque tiene una mentalidad de adaptación. Por otro lado, alguien que se oponga al reconocimiento y la apreciación de la diversidad se encontrará en desacuerdo con personas que no son como él.

Te ayuda a afinar tus objetivos

No vivimos en el vacío. Las acciones, palabras y comportamientos de otras personas nos afectarán. Cada persona tiene un ídolo al que admiran. Tu ídolo es la persona con la que querrías intercambiar vidas. Aparte de darte esperanza; su modelo a seguir le da la oportunidad de estudiar las diversas cualidades que necesitará en esa línea de trabajo. Por ejemplo, si quieres convertirte en periodista, debes saber que no se trata solo de tener habilidades lingüísticas, sino que debes mejorar tu personalidad, para que más personas no solo se sientan cómodas contigo, lo suficiente para abrirse y dejar salir sus secretos. Cuando adoptas la práctica de observar atentamente a otras personas, estás en condiciones de determinar qué carrera profesional se adapta a tus cualidades.

Te ayuda a comprender las motivaciones de las personas

Al final del día, hay un motivo detrás de cada acción, pero estos motivos no siempre son obvios. Algunas personas revelarán instantáneamente quiénes son, pero hay personas que intentarán minimizar su imagen real. Pero si eres un buen observador, siempre puedes saber lo que está pasando. Al tomarse su tiempo para analizar a las personas, estará en una posición mucho mejor para comprender cuáles son sus objetivos. Tener este conocimiento le ayuda a tomar decisiones de autoconservación. Las personas manipuladoras son conocidas por actuar o hablar de una manera que no traiciona su agenda manipuladora. A menos que sea muy cuidadoso en su análisis de su persona, puede perder su motivo y convertirse en otra de sus víctimas.

Te ayuda a comprender las fortalezas de una persona.

Todo ser humano tiene tanto debilidades como de fortalezas. La razón por la que algunos de nosotros tenemos éxito es porque capitalizamos nuestras fortalezas. No aprovechar nuestras fortalezas puede hacernos sentir desilusionados acerca de la vida. La habilidad de identificar nuestras fortalezas es importante para identificar las fortalezas de otras personas. Por lo tanto, cuando busque alguien con quien trabajar, estará en condiciones de identificar sus fortalezas y debilidades, lo que hará que su equipo sea de alta calidad.

Ayuda a predecir el comportamiento

Su capacidad para analizar personalidades es vital para predecir cómo actuarán varias personas en diferentes circunstancias. La vida no es un viaje sencillo. Son muchos los desafíos que se encuentran en la carretera. Además, en su mayor parte, el éxito depende de cómo manejamos los desafíos. Ser capaz de analizar varias personalidades le permite comprender cómo reaccionarán las personas a los desafíos. Por ejemplo, si nota que alguien tiene las marcas de una personalidad violenta o tiene problemas de ira, es posible que desee omitir a esa persona porque su naturaleza violenta pronto se hará evidente.

Capitulo 2: ¿Cómo puede alguien leer rápidamente a las personas?

Comprender el lenguaje corporal requiere mucha práctica. Primero debe asegurarse de que conoce lo que pueden significar las diferentes señales. Esto puede llevar algo de tiempo, especialmente si no eres alguien que siempre interactúa con diferentes personas. Lo que tenemos que entender también es que las personas que más nos rodean probablemente compartirán mucho del mismo lenguaje corporal que nosotros. Por ejemplo, si siempre estás con tus hermanas, hermanos, mamá, papá y otros miembros de la familia, es muy probable que te comuniques con tu cuerpo de la misma manera.

Fuiste criado en ese entorno, así que por supuesto; vas a interactuar igual también. Piense en personas como usted. Podrías trabajar en una oficina de tecnología donde todo el mundo es un poco más introvertido. Es posible que también tengan el mismo lenguaje corporal que tú.

Lo que tenemos que considerar es cómo diferentes personas de diferentes culturas en todo el mundo, de diferentes edades, diferentes géneros, etc., tendrán varios métodos de lenguaje corporal. Si bien es posible que podamos comprender rápidamente el lenguaje corporal de las personas que conocemos más de cerca, lo que tenemos que recordar es que hay muchas cosas que no sabemos sobre diferentes personas que no son como nosotros.

Cuando se trata de lectura rápida, lo más importante que debe saber es que primero debemos recopilar tanta información sobre la situación como sea posible. Esto incluirá conocimientos previos sobre el individuo, el contexto del caso y el factor de previsibilidad para sus diferentes tipos de comportamientos.

Una vez que pueda recopilar todo ese conocimiento relevante y útil, puede comenzar a aplicarlo a su lenguaje corporal.

Cuando se trata de cómo las personas usan el lenguaje corporal, es una señal de grupo. Lo que esto significa es que no hay una sola cosa en particular que indiquen cómo actúan. Es una situación completa.

Alguien podría tener los brazos cruzados. Pero si tienen los brazos cruzados, tienen una expresión de asombro y están un poco distantes, es posible que solo estén tratando de procesar esa información. Alguien con el ceño fruncido, una cara de aspecto negativo, los brazos cruzados y una postura agresiva va a estar un poco más enojado. Es posible que vea los brazos cruzados y piense de inmediato que están cerrados. Sin embargo, habrá un significado más profundo en esta acción basado en todos los demás factores dentro de la señal del grupo. Para acelerar la lectura, lo que querrá hacer es mirarlos de arriba a abajo. Conecte instantáneamente todos los diferentes aspectos y, a partir de ahí, podrá llegar a su conclusión. El lenguaje corporal de lectura rápida gira en torno a la idea de que captamos este grupo.

No querrás simplemente intentar analizar eso. Considerarás todos los factores de la forma en que operan dentro de una situación una vez que hayas podido hacer esto. Entonces podrá descubrir que es mucho más fácil sacar conclusiones sobre su comportamiento.

A lo largo de este libro, le brindaremos todo el conocimiento necesario para comprender mejor lo que los demás intentan comunicar con sus cuerpos. Al final, dependerá de usted aplicar esto. Como lector de velocidad, podrá escanearlos de arriba a abajo como una computadora y averiguar, basándose en todos los diferentes factores, lo que podrían estar tratando de mostrarle. La lectura rápida implica simplemente tomar las formas necesarias y más sencillas y sacar una conclusión rápida para analizar realmente a alguien. Tendrás que mirar cada vez más profundamente en su pasado y cómo interactúan realmente. Como lector rápido, querrá mirarlos rápidamente y llegar a una conclusión, como un chasquido de dedos.

Al hacer esto, será más fácil comprender todas las cosas que podrían estar tratando de comunicar con sus cuerpos.

Capitulo 3: Análisis del lenguaje corporal

Ser capaz de comunicarse bien es extremadamente importante cuando se quiere triunfar en el mundo personal y profesional, pero no son las palabras que dices las que gritan. Es tu lenguaje corporal el que hace los gritos. Sus gestos, postura, contacto visual, expresiones faciales y tono de voz son sus mejores herramientas de comunicación. Estos tienen la capacidad de confundir, socavar, ofender, generar confianza, atraer a otros o hacer que alguien se sienta cómodo.

Hay muchas ocasiones en las que lo que dice una persona y lo que dice su lenguaje corporal es totalmente diferente. La comunicación no verbal puede hacer cinco cosas:

• Sustituto: podría usarse en lugar de un mensaje verbal.

• Acento: podría subrayar o acentuar su mensaje verbal.

• Complemento: podría complementar o agregar a lo que está diciendo verbalmente.

• Repetir: podría fortalecer y repetir su mensaje verbal.

• Contradecir: podría ir en contra de lo que está tratando de decir verbalmente y hacer que su oyente piense que está mintiendo.

Vamos a cubrir:

Gestos: estos se han tejido en nuestras vidas. Puede hablar animadamente; discuta con las manos, señale o haga señas. Los gestos cambian según las culturas.

Expresiones faciales: aprenderá que la cara es expresiva y capaz de mostrar varias emociones sin decir una palabra. A diferencia de lo que dices y otros tipos de lenguaje corporal, las expresiones faciales suelen ser universales.

Contacto visual: debido a que la vista tiende a ser nuestro sentido más fuerte para la mayoría de las personas, es una parte importante de la comunicación no verbal. La forma en que alguien te mira podría decirte si se siente atraído por ti, afectuoso, hostil o interesado. También podría ayudar a que la conversación fluya.

Movimiento corporal y postura: tómese un momento para pensar en cómo ve a las personas en función de cómo sostienen la cabeza, se paran, caminan y se sientan. La forma en que una persona se comporta le da mucha información.

La comunicación no verbal puede salir mal de varias formas diferentes. Es muy fácil confundir diferentes señales y el resto de este capítulo se asegurará de que eso no suceda.

Cuerpo inferior

Los brazos comparten mucha información. Las manos comparten mucho más, pero las piernas nos dan el signo de exclamación y pueden decirnos exactamente lo que está pensando alguien. Las piernas pueden indicarle si una persona está abierta y cómoda. También podrían decirte quién domina o adónde quieren ir.

Tocar las piernas

Cuando una persona está de pie, solo podrá tocarse las nalgas o los muslos. Esto se puede hacer de forma seductora o se golpean las piernas como si estuvieran diciendo "Vamos". También puede indicar irritación. Aquí es cuando debes prestar atención al contexto de la conversación. Esto es muy importante.

Pies señalando

Mire la dirección de los pies de una persona para ver dónde está su atención. Sus pies siempre apuntarán hacia lo que tienen en mente o en lo que se están concentrando. Todo el mundo tiene un pie adelantado y todo depende de su mano dominante. Si la persona que habla es alguien que nos interesa, nuestro pie adelantado lo apuntará. Pero, si quieren salir de la situación, notarán que su pie apunta hacia una salida o hacia el camino que quieren seguir. Si una persona está sentada durante la conversación, mire hacia dónde apuntan sus pies para ver qué es lo que realmente le interesa.

Smarty Pantalones

Esta es una posición en la que alguien intenta verse más grande. Por lo general, estarán sentados con las piernas abiertas o inclinadas hacia atrás. Incluso podrían extender los brazos y bloquearlos detrás de la cabeza. Normalmente lo utilizan personas que se sienten dominantes, superiores o seguras.

Tímido enredo

Esto suele ser algo que las mujeres hacen más que los hombres. Cualquiera que comience a sentirse tímido a veces se enredará las piernas cruzando por debajo y por encima para tratar de bloquear las malas emociones y hacerse parecer más pequeño. Hay otro giro de piernas tímido que la gente hará cuando esté de pie. El acto real de este movimiento es cruzar una pierna sobre la otra y enganchar ese pie detrás de la rodilla como si estuvieran tratando de rascarse una picazón.

Parte superior del cuerpo

El lenguaje de la parte superior del cuerpo puede mostrar signos de actitud defensiva, ya que los brazos podrían usarse fácilmente como escudo. El lenguaje de la parte superior del cuerpo podría involucrar el pecho. Echemos un vistazo al lenguaje de la parte superior del cuerpo.

Propensión

Si alguien se inclina hacia adelante, lo acercará más a otra persona. Hay dos posibles significados para esto. Primero, le dirá que están interesados en algo, que podría ser simplemente de lo que está hablando. Pero este movimiento también podría mostrar interés romántico. En segundo lugar, inclinarse hacia adelante podría invadir el espacio personal de una persona; por lo tanto, esto los muestra como una amenaza. Suele ser una pantalla agresiva. Esto lo hacen inconscientemente personas poderosas.

El superhombre

Esto es comúnmente utilizado por culturistas, modelos y Superman lo hizo popular. Esto podría tener varios significados dependiendo de cómo lo use una persona. Dentro del mundo animal, los animales intentarán parecer más grandes cuando se sientan amenazados. Si miras a un gato doméstico cuando se asusta, estirará las piernas y su pelaje se erizará. Los humanos también tienen esto, incluso si no es tan notorio. Es por eso que se nos pone la piel de gallina. Como no podemos hacernos ver más grandes, tenemos que hacer gestos con los brazos, como poner nuestras manos en nuestra cintura. Esto nos muestra que una persona se está preparando para actuar de manera asertiva.

Esto es normal para los atletas antes de un juego o una esposa que está regañando a su cónyuge. Un chico que está coqueteando con una chica usará esto para lucir asertivo. Esto es lo que llamamos gesto de preparación.

El cofre de perfil

Si una persona se para de lado o en un ángulo de 45 grados, está tratando de acentuar su pecho. También podrían sacar el pecho, más sobre esto en un minuto. Las mujeres hacen esta postura para lucir sus senos y los hombres lo hacen para lucir su perfil.

Cofre de empuje hacia afuera

Si alguien saca el pecho, está tratando de llamar la atención sobre esta parte de su cuerpo. Esto también podría usarse como una exhibición romántica. Las mujeres entienden que los hombres han sido programados para ser excitados por los senos. Si ves a una mujer empujando su pecho hacia afuera, podría estar invitando a tener relaciones íntimas. Los hombres sacarán el pecho para mostrar su pecho y posiblemente intentarán ocultar sus entrañas. La diferencia es que los hombres le harán esto a las mujeres y a otros hombres.

Manos

Las manos humanas tienen 27 huesos y son una parte muy expresiva del cuerpo. Esto nos da mucha capacidad para manejar nuestro entorno.

Leer las palmas no se trata solo de mirar las líneas en las manos. Después del rostro de una persona, las manos son la mejor fuente de lenguaje corporal. Los gestos con las manos son diferentes en las culturas y un gesto con la mano puede ser inocente en un país pero muy ofensivo en otro.

Las señales manuales pueden ser pequeñas pero muestran lo que está pensando nuestro subconsciente. Un gesto puede exagerarse y hacerse con ambas manos para mostrar un punto.

Controlar

Si una persona sostiene su mano con las palmas hacia abajo, es posible que, en sentido figurado, esté sosteniendo o restringiendo a otra persona. Esta podría ser una acción autoritaria que le indique que se detenga ahora. Podría ser una solicitud pidiéndole que se calme. Esto será evidente si alguien coloca su mano dominante sobre un apretón de manos. Si están apoyados en su escritorio con las palmas de las manos planas, esto muestra dominio.

Si sus palmas miran hacia afuera, hacia otra persona, es posible que estén tratando de rechazarlas o alejarlas. Pueden estar diciendo "detente, no te acerques".

Si apunta con el dedo o con toda la mano, es posible que le esté diciendo a alguien que se vaya ahora.

Saludo

Nuestras manos se acostumbran mucho para saludar a otras personas. La forma más común es con un apretón de manos. Abrir la palma de la mano muestra que no tienen armas. Esto se usa al saludar a otros.

Durante este tiempo, podemos tocar a otra persona y puede enviar varias señales.

La dominancia se puede demostrar estrechando la mano y colocando la otra mano encima. El tiempo y la fuerza con la que estrechan la mano le dirá que están decidiendo cuándo detener el apretón de manos.

El afecto se puede mostrar con la duración y la velocidad del apretón de manos, sonrisas y tocamientos con la otra mano. La similitud entre este y el dominante podría llevar a una situación en la que una persona dominante intentará fingir que solo está siendo amigable.

La sumisión consigue espectáculos al colocar las palmas hacia arriba. Los apretones de manos flexibles que son húmedos junto con un retiro rápido también muestran sumisión.

La mayoría de los apretones de manos usan palmas verticales que mostrarán igualdad. Serán firmes pero no aplastarán y durante el tiempo adecuado para que ambas partes sepan cuándo deben soltarse.

Saludar con la mano es una excelente manera de saludar a la gente y se puede realizar desde una gran distancia.

Los saludos normalmente los hacen los militares, donde se prescribe un cierto estilo.

Participación

Una persona que tiene las manos ahuecadas muestra que puede sostener algo con suavidad. Muestran delicadeza o sujetan algo frágil. Las manos que se agarran mostrarán deseo, posesividad o propiedad. Cuanto más apretado el puño, más fuerte sienten una emoción específica.

Si alguien se toma de la mano, está tratando de consolarse. Podrían estar tratando de contenerse para dejar que alguien más hable. Podría usarse si están enojados y les impide atacar. Si se retuercen las manos, se sienten extremadamente nerviosos.

Mantener sus manos detrás de la espalda mostrará que están seguros porque están abriendo su frente. Pueden esconder sus manos para ocultar su tensión. Si una mano agarra el otro brazo, cuanto más fuerte y alto sea el agarre, más tensos estarán.

Dos manos pueden mostrar varios deseos. Si una mano forma un puño pero la otra lo retiene, esto podría indicar que le gustaría golpear a alguien.

Si alguien miente, intentará controlar sus manos. Si los mantiene quietos, es posible que desee sospechar un poco. Recuerde que estos son solo indicadores y debe buscar otras señales.

Si parece que alguien está sosteniendo un objeto como un bolígrafo o una taza, esto muestra que está tratando de consolarse. Si una persona sostiene una taza pero la sostiene muy cerca y parece que está "abrazando" la taza, se está abrazando a sí misma. Sostener cualquier objeto con ambas manos muestra que se han cerrado a los demás.

Los elementos pueden usarse como una distracción para liberar energía nerviosa, como sostener un bolígrafo, pero lo hacen clic de vez en cuando, garabateando o jugando con él. Si sus manos están juntas frente a ellos pero están relajados y sus pulgares están apoyados uno sobre el otro, podría estar mostrando placer.

Formación

Nuestras manos tienen la capacidad de cortar nuestras palabras en el aire para enfatizar las cosas que decimos y su significado. Estamos tratando de crear visualización.

Si un hombre está tratando de describir el pez que capturó durante su viaje de pesca, podría intentar mostrar la forma indicándola con sus manos. También podría tallar una determinada forma que quiere que sea su pareja ideal. Otros gestos pueden ser más crudos cuando sostienen partes específicas del cuerpo y se mueven sexualmente.

Cara

La expresión facial de las personas podría ayudarnos a descubrir si confiamos o creemos en lo que están diciendo. La expresión más confiable tendrá una leve sonrisa y una ceja levantada. Esta expresión sembrará amabilidad y confianza.

Hacemos juicios sobre cuán inteligente es alguien por sus expresiones faciales. Se pensaba que las personas que tenían caras estrechas con una nariz prominente eran extremadamente inteligentes. Las personas que sonríen y tienen expresiones alegres podrían considerarse inteligentes en lugar de alguien que parece enojado.

Boca

Los movimientos y expresiones de la boca son necesarios al intentar leer el lenguaje corporal. Masticarse el labio inferior puede indicar que una persona se siente temerosa, insegura o preocupada.

Si se tapa la boca, esto podría indicar que está tratando de ser cortés si está bostezando o tosiendo. Podría ser un intento de encubrir la desaprobación. Sonreír es la mejor señal, pero las sonrisas se pueden interpretar de muchas formas. Las sonrisas pueden ser genuinas o pueden usarse para mostrar cinismo, sarcasmo o falsa felicidad.

Tenga cuidado con lo siguiente:

Tienen los labios fruncidos.

Si una persona aprieta los labios, podría ser un signo de disgusto, desaprobación o desconfianza.

Se muerden el labio.

Las personas se muerden los labios si se sienten ansiosas, preocupadas o estresadas.

Se cubren la boca.

Si una persona intenta ocultar una reacción, es posible que se cubra la boca para ocultar una sonrisa o una mueca.

Su boca está hacia arriba o hacia abajo.

Los cambios sutiles en la boca pueden ser una señal de cómo se siente la persona. Si levanta un poco la boca, es posible que se sienta feliz u optimista. Si su boca está hacia abajo, podría sentir tristeza, desaprobación o hacer muecas.

Emociones negativas

Las señales silenciosas que muestra pueden dañar su negocio sin que usted lo sepa. Tenemos más de 250.000 señales faciales y 700.000 señales corporales. Tener un lenguaje corporal deficiente podría dañar sus relaciones al enviar señales a otras personas de que no se puede confiar en usted. Pueden apagar, alienar u ofender a otras personas.

Tienes que controlar tu lenguaje corporal y esto requiere mucho esfuerzo. La mayoría de las veces, es posible que no sepa que lo está haciendo y que podría estar perjudicando a su negocio ya usted mismo.

Para ayudarlo a manejar sus señales, existen varios lenguajes corporales y errores del habla que puede aprender a prevenir. A continuación, se muestran algunos errores que puede evitar:

Respuesta insuficiente

Si está hablando con alguien, debe asegurarse de escucharlo. Esto significa que debe sonreír, asentir y hacer contacto visual. Incluso si dos personas no están de acuerdo con lo que dicen la otra, debe informarles que ha escuchado lo que dijeron. Esto les muestra respeto. Si no lo hace, dejará una mala impresión.

Usando la palabra "pero"

El uso constante de la palabra "pero" mientras habla puede causar muchos problemas. La mayoría de las veces, parecerá que solo estás tratando de inventar algunas excusas o que no te importa lo que están diciendo. Podría decir: "Lamento que su producto no haya llegado a tiempo, pero ya sabe cómo está el clima". Esta declaración no muestra que lo lamentas. Estás echando la culpa al clima en lugar de abordar el problema real.

Espacio personal

Invadir el espacio personal de otra persona puede tener resultados perjudiciales. Un buen ejemplo son los hombres que siempre parecen invadir el espacio personal de una mujer, lo sepan o no. Esto podría causar algunas demandas por acoso. El mejor espacio para mantener entre usted y los demás es de aproximadamente un pie y medio. Nunca trate el espacio de otra persona como si fuera suyo.

Hablar demasiado rápido

Parpadear rápido o hablar demasiado rápido muestra nerviosismo y desconfianza. Trate de hacer una pausa entre cada oración y deje que otros terminen su oración antes de su interrupción. El contacto visual es muy importante. Si tiene dificultades para mirar a las personas a los ojos, mire en el centro de la frente. Parece un contacto visual sin todos esos sentimientos incómodos.

No escuchar

No importa lo que hagas para ganarte la vida, tendrás que hablar con la gente en un momento u otro. Lo principal que hará o romperá cualquier relación es no escuchar. Escuchar podría afectar su relación con los empleados, los proveedores, el desempeño y las ventas mejor que cualquier otra forma de comunicación.

Caída

Si una persona se desploma en su asiento, muestra que no tiene energía ni confianza. Es importante mostrar pasión y dejar que los demás sepan que cree en sí mismo. Si está encorvado o hundido, está enviando el mensaje equivocado. Si tu postura es fuerte, te sentirás enérgico y será una victoria para todas las personas involucradas.

Comprobación de su teléfono

Si está en una reunión pública, guarde su teléfono. Todo el mundo es adicto a sus teléfonos ahora, y esto es extremadamente grosero. Intente relacionarse con otras personas y deje de revisar su teléfono cada pocos minutos. Si tiene una emergencia, está bien. Es más fácil hacer conexiones con otros si no hay cosas que lo distraigan.

La cara está arrugada

Es posible que no se dé cuenta de que tiene la cara arrugada o que tiene el ceño fruncido. Esto puede ayudar a otros a pensar que eres intimidante u hostil. Puede disuadir a los demás de ser abiertos o puede ponerlos a la defensiva. Puede asegurarles verbalmente que comprende y apoya lo que están diciendo.

No hacer contacto visual

Solía trabajar con alguien que inmediatamente miraba al vacío cada vez que alguien hablaba con él. Afirmaron que era más fácil para ellos concentrarse en lo que otros decían si no miraban quién estaba hablando. Las personas pueden usar muchos tipos de comunicación diferentes, pero siempre hacen contacto visual. Si puede mantener un contacto visual moderado, comunicará confianza, interés y hará que todos se sientan cómodos.

Sin sonreír

¿Sabes que sonreír puede hacerte sentir feliz? A la gente le gusta creer lo contrario. Si puede mantener una sonrisa agradable en su rostro, se sentirá más seguro y la gente querrá trabajar con usted. Si te das cuenta de que quieres hacer una mueca, conviértela en una sonrisa.

Mirando alrededor

Todo el mundo se ha encontrado con alguien que mira constantemente a su alrededor mientras habla con usted. Probablemente te haga pensar que están tratando de encontrar a alguien más con quien hablar. No seas esta persona. Todas las personas con las que habla deben ser tratadas con respeto.

Apretón de manos demasiado débil o fuerte

Los apretones de manos son normalmente la primera impresión que alguien recibe de ti. Si su apretón de manos es demasiado débil, demostrará que no es un profesional y que podría ser nuevo para ellos. Si su apretón de manos es demasiado fuerte, podría advertirles que está siendo demasiado agresivo. Trate de encontrar un término medio feliz para que cause una buena impresión.

Cuando observa a otras personas con atención, puede percibir sus emociones mediante sus señales no verbales. Estos indicadores no son una garantía. Se pueden usar pistas contextuales, además de lo que están diciendo y lo que está sucediendo a su alrededor en ese momento.

Capitulo 4: Señales faciales comunes para diferentes emociones

La expresión facial, con los ojos, es uno de los medios más importantes para expresar emociones y estados de ánimo.

Mediante el conocimiento y la observación de las expresiones faciales (es decir, la cara en movimiento y no como un objeto estático) podemos comprender mejor lo que otros nos comunican.

También hacemos juicios sobre la personalidad de las personas y otros rasgos basados en lo que vemos en sus rostros. Por ejemplo, a las personas con características atractivas a menudo se les atribuyen ciertas cualidades que pueden poseer o no.

No toda la comunicación que se transmite a través de la expresión facial es susceptible de ser percibida conscientemente por el interlocutor; sin embargo, se sabe que las impresiones que obtenemos de los demás también están influenciadas por los movimientos imperceptibles de su comunicación verbal.

El rostro y las primeras impresiones

En una primera reunión entre dos personas, los primeros cinco minutos suelen ser el período más crítico. Las impresiones formadas en este corto espacio de tiempo tenderán a persistir en el futuro, e incluso a verse reforzadas por conductas posteriores, que no suelen interpretarse objetivamente, sino según esas primeras impresiones.

Dado que el rostro es una de las primeras características que notamos en una persona, claramente puede desempeñar un papel vital en el proceso de establecer relaciones con los demás.

En estos minutos nos formamos opiniones sobre tu carácter, personalidad, inteligencia, temperamento, capacidad de trabajo, sobre tus hábitos personales, incluso sobre tu conveniencia como amigo o amante.

Hablando a la cara

Junto con los ojos, el rostro es nuestro mejor medio para comunicarnos sin palabras. Lo usamos (y los juicios de los demás dependerán de las pistas que obtengan) para indicar lo agradables que somos como personas, para expresar nuestro estado mental actual, para mostrar la atención que prestamos a los demás, etc. Sin embargo, las expresiones faciales se pueden utilizar para reforzar el impacto de los mensajes verbales, como cuando una madre regaña a su hijo: la expresión de su rostro mostrará si está realmente enojada, o solo un poco ...

La función principal del rostro en el lenguaje corporal es la expresión de emociones; aunque otras partes del cuerpo también contribuyen al uso que hacemos del lenguaje corporal, no debemos creer que un mensaje es claro y transmitido exclusivamente por una sola parte del cuerpo.

La gama de expresiones es muy amplia, pero hay un número limitado de emociones que la mayoría de nosotros podemos reconocer con cierta fiabilidad.

Paul Ekman y Wallace Friesen, han descubierto que hay 6 expresiones faciales principales:

Las sonrisas

Las sonrisas pueden ser ligeras, normales y grandes. Suelen utilizarse como gesto de saludo, para expresar distintos grados de placer, alegría, felicidad, etc. Incluso los niños ciegos sonríen cuando les gusta algo. Se caracterizan por ser bellas y alegres. Las sonrisas también se pueden utilizar para enmascarar otras emociones:

- La sonrisa se puede utilizar para ocultar las dificultades.

- La sonrisa puede ser una respuesta de sumisión.

- La sonrisa hace que las situaciones estresantes sean más llevaderas.

- Sonreir puede atraer las sonrisas de los demás.

- A veces se utilizan las sonrisas para relajar la tensión.

- La sonrisa se puede utilizar para ocultar el miedo.

Tristeza, decepción y depresión

Se distinguen por la falta de expresión y por rasgos como: inclinación hacia abajo de las comisuras de los labios, mirada baja y decadencia general de las facciones. Normalmente estas emociones van acompañadas de un volumen de voz bajo o una forma de hablar más lenta.

Aunque en la mayoría de los casos no se distinguen muy bien entre sí, existen otros factores corporales que nos dan la seguridad de saber qué emoción se está llevando a cabo como:

Tristeza

- Cejas ligeramente inclinadas hacia las orejas formando un semiarco.

- Los hombros se descomponen regularmente.

- Inclinación de las comisuras al 45% de su rango normal.

- Manos juntas y boca abajo.

- Decepción.

- Cejas no completamente inclinadas.

- Mirar hacia atrás y hacia abajo, generalmente a la izquierda.

• Hombros ligeramente hacia abajo y con las manos a los lados del cuerpo.

Depresión

• Cejas normalmente inclinadas.

• Inclinación de las comisuras ligeramente descendente.

• Hombros totalmente caídos.

• Piernas y muslos paralelos entre sí.

• Pero debemos recordar que cada emoción es diferente según cada individuo. No todo el mundo muestra las mismas facciones.

Aversión / desprecio

Se expresan encogiendo los ojos y frunciendo la boca. La nariz suele estar arrugada y la cabeza girada hacia los lados para evitar tener que mirar la causa de tal reacción. Es la única expresión facial que se presenta solo en una parte del rostro, es decir, en el medio. Se levanta un extremo del labio superior mientras que el lado opuesto está en su posición original.

Enfado

La ira se caracteriza a menudo por: mirada fija en la causa de la ofensa, boca cerrada y dientes fuertemente apretados, ojos y cejas ligeramente inclinados a expresar ira. Las manos cerradas presionando y conteniendo el sentimiento también se pueden ver en una situación de ira.

El miedo

El miedo no es una forma de expresión única que revela su presencia. Puede revelarse a través de los ojos muy abiertos, a través de la boca abierta o por un temblor general que afecta al rostro y al resto del cuerpo.

El interés

Suele detectarse mediante lo que se denomina "cabeza de pájaro", es decir, la cabeza se inclina un cierto ángulo hacia el tema de interés. Otras características son: ojos más abiertos de lo normal y boca ligeramente abierta.

Otro aspecto a considerar es hasta qué punto se involucran los complementos en los mensajes no verbales. Debido a que los complementos cambian nuestra apariencia, debemos tener en cuenta sus efectos en la percepción que los demás tienen de nosotros. De esto se puede deducir que no siempre transmitimos los mensajes no verbales que intentamos enviar. Cuanto más conscientes seamos de estas dificultades del lenguaje corporal, sin palabras, mejor podremos utilizarlo.

Otra información sobre la cara

Las expresiones faciales, además de expresar emociones, también sirven como medio para expresar la personalidad, las actitudes hacia los demás, la atracción y el atractivo sexual, el deseo de comunicarse o iniciar una interacción y el grado de expresividad durante la comunicación.

Se han encontrado diferencias en la forma en que hombres y mujeres usan las expresiones faciales para comunicarse. Las mujeres tienden a reír y sonreír con más frecuencia que los hombres, lo que no tiene por qué deberse a una mayor sociabilidad o alegría, puede ser porque encuentran la situación un poco incómoda.

La expresión del rostro cambia constantemente durante la comunicación. Entre los cambios podemos mencionar las denominadas expresiones faciales "micro momentáneas", ya que su nombre indica su duración es una fracción de segundo y suele reflejar los verdaderos sentimientos de una persona.

La risa

La risa es una respuesta biológica producida por el organismo ante determinados estímulos. La sonrisa se considera una forma de risa suave y silenciosa. Actualmente existen diversas interpretaciones sobre su naturaleza.

Los estudios más recientes, de alto impacto, son realizados desde 1999 por Robert Provine, neurobiólogo de la conducta de la Universidad de Maryland, quien dijo que la risa es un "balbuceo lúdico, instintivo, contagioso, estereotipado y de control inconsciente, o involuntario - que ocurre raramente en soledad. En el ser humano, la risa comienza, en promedio, hacia los cuatro meses de edad y, según estudios científicos recientes, constituye una forma de comunicación innata heredada de los primates y muy relacionada con el lenguaje.

Por otro lado, para otros autores, como Charles R. Gruner, de la Universidad de Georgia (1978), la risa recuerda o es sinónimo del grito de triunfo del luchador tras vencer a su adversario. Asegura que en todas las manifestaciones del humor hay un gesto de agresión, incluso en los casos más inocuos. Según Gruner, "incluso un bebé se ríe, no como una manifestación de agradecimiento, sino porque obtuvo lo que quería". El filósofo John Morreall (1983) sostiene que el origen biológico de la risa humana podría estar en una expresión compartida de alivio después de pasar el peligro; la laxitud que sentimos después de reír puede ayudar a inhibir la respuesta agresiva, convirtiendo la risa en un signo de comportamiento que indica confianza en los compañeros.

En cualquier caso, hay investigaciones recientes realizadas tanto en orangutanes como en chimpancés que sugieren que son capaces de reír, lo que haría que la risa tuviera un origen evolutivo y genético.

Popularmente se considera básicamente una respuesta a momentos o situaciones de humor, como expresión externa de diversión, y relacionada con la alegría y la felicidad, aunque la risa, según numerosos estudios, como el de Robert Provine, está motivada por un estímulo cómico en minoría de los casos cotidianos. Suele aparecer, más o menos simulado, como un complemento emocional a los mensajes verbales, así como en situaciones de estrés o en conductas lúdicas como las cosquillas.

Algunas teorías médicas atribuyen a la risa efectos beneficiosos sobre la salud y el bienestar, ya que libera endorfinas.

Formas de risa

Según la fuerza con la que se produzca, la risa puede variar tanto en su duración como en su tono y características. Por lo tanto, usamos diferentes palabras para describir lo que consideramos diferentes tipos de risa: chasquido, risa, risita, despectiva, desesperada, nerviosa, risa equívoca. Otros tipos: caquino, jingle, risa malvada, hipoide.

Entre las señales emocionales, la sonrisa es la más contagiosa de todas, y la sonrisa fomenta sentimientos positivos. Como la risa misma, la sonrisa es innata y los niños sordos y ciegos sonríen. Suele aparecer a las seis semanas de vida y es el primer idioma del ser humano. Inicialmente es un comportamiento físico y gradualmente evoluciona hacia un comportamiento emocional. La autoinducción del gesto de sonreír puede mejorar nuestro estado de ánimo. Otra propiedad es la de inducir un aumento de la actividad de las células NK y así mejorar nuestro estado inmunológico.

Algunos estudios muestran que la risa varía según el género: las mujeres tienden a reír más cantando, mientras que los hombres tienden a reír más a modo de bufidos o gruñidos.

Fisiología de la risa

Ocurre cuando un estímulo, interno o externo, se procesa en áreas de asociación primaria, secundaria y multimodal del sistema nervioso central. El procesamiento de las emociones se realiza en el sistema límbico, que probablemente sea el responsable de los motores potenciales que caracterizan la risa, incluida la expresión facial y los movimientos de los músculos que controlan la ventilación y la fonación. Una vez procesado el estímulo, además de los actos motores automáticos antes mencionados, se lleva a cabo una activación autónoma generalizada, que tiene salida a través de varias vías, entre las que se encuentran el eje Hipotálamo-pituitario y el sistema nervioso autónomo. Todos estos componentes conforman la emoción, un proceso que involucra, cuando se trata de alegría, el acto motor llamado risa.

Hay dos estructuras del sistema límbico involucradas en la producción de la risa: la amígdala y el hipocampo.

Algunos estudios

La risa se puede inducir estimulando el núcleo subtalámico, y se ha demostrado en pacientes con enfermedad de Parkinson. Un trabajo reciente de Itzhak Fried de la Universidad de California, nos ha permitido localizar una zona del cerebro denominada zona motora suplementaria, que al ser estimulada mediante electrodos produce la sonrisa y, con una estimulación más intensa, la risa. ruidoso. El área motora suplementaria es un área muy cercana al área del lenguaje. Este mecanismo se descubrió accidentalmente mientras se trataba a una joven con epilepsia.

Se han realizado experimentos para determinar exactamente en qué área reside el sentido del humor. En un estudio, presentado en 2000 por científicos de la Universidad de Rochester, los voluntarios se sometieron a resonancia magnética funcional mientras les hacían varias preguntas. Sus conclusiones fueron que esta característica residía en una pequeña región del lóbulo frontal. Sin embargo, otro equipo de Londres realizó la misma prueba en personas a las que se les contaron chistes, y los resultados fueron que el área del cerebro que se activó fue la corteza prefrontal ventral junto con otras regiones involucradas en el proceso del lenguaje cuando la gracia del chiste residía en un juego de palabras.

Perspectiva médica

Los niños de 7 a 10 años se ríen unas 300 veces al día, mientras que los adultos que todavía ríen lo hacen menos de 80 veces al día. Hay personas que rara vez ríen, e incluso algunas personas que no sienten la necesidad de reír.

Los estudios realizados desde la década de 1980 por Lee S. Berk demostraron durante varios años los efectos positivos de la risa:

Algunos indicadores relacionados con el estrés disminuyeron durante los episodios de risa, relacionados con la disminución de los niveles de epinefrina y cortisona.

La risa incrementó la producción de anticuerpos y la activación de células protectoras como linfocitos y linfocitos T citotóxicos, que producen inmunidad celular, importante para prevenir la formación de tumores.

La risa alegre y repetitiva mejoraba el estado de ánimo, reducía los niveles de colesterol en sangre y regulaba la presión arterial.

Más recientemente (2010), Berk ha descubierto una relación entre la risa y el apetito, de modo que la risa aumenta el apetito de forma análoga a cómo lo hace el ejercicio físico moderado. Según estos estudios, hay simultáneamente una reducción en el nivel de leptina y un aumento de grelina en la sangre.

Otros efectos beneficiosos de la risa son los siguientes:

- Libre de miedo y angustia.

- Ayuda a calmar la ira.

- Contribuye a un cambio de actitud mental que favorece la disminución de enfermedades.

- Favorece la digestión aumentando las contracciones de todos los músculos abdominales.

- Facilita la evacuación debido al "masaje" que produce sobre las vísceras.

- Aumenta la frecuencia cardíaca y el pulso y, al estimular la liberación de hormonas "endorfinas", les permite cumplir una de sus funciones importantes, como es el mantenimiento de la elasticidad de las arterias coronarias.

- Disminuye la presencia de colesterol en sangre ya que equivale a un ejercicio aeróbico.

- Ayuda a reducir la glucosa en sangre.

Robert Provine: la risa como comunicación

Popularmente, la risa y la sonrisa se asocian con la alegría y el buen humor; sin embargo, no son medidas fiables del humor. Según estudios recientes, la risa es un mecanismo de comunicación. De ello se deduce que el factor desencadenante de la risa no es la felicidad o la alegría en sí mismas, sino el hecho de que hay al menos otra persona que puede recibir el mensaje, en forma de balbuceo juguetón. Está comprobado que la relación entre la risa en sociedad y la risa en soledad es de 30 a 1. Literalmente, necesitamos más personas, para que se rían y nosotros reímos con ellos.

Estudio de campo

Provine buscó adoptar una "táctica naturalista y descriptiva" para revelar los desencadenantes subconscientes y las raíces instintivas de la risa. Inicialmente observó sujetos en su laboratorio, pero descubrió que la risa era demasiado frágil, ilusoria y variable bajo un escrutinio directo. Por ello, decidió observar la aparición de la risa natural y espontánea en la vida diaria. Comenzó a escuchar y grabar en secreto la risa conversacional (la que típicamente sigue al discurso de la conversación un segundo después), documentando 1200 episodios, y luego estudió los patrones de quién reía y cuándo, para analizar sus cualidades. Su conclusión fue que para que se produzca la risa se necesita más de una persona, siendo el elemento mínimo una díada, un hablante y un oyente (salvo en el caso de un espectador que se ríe a carcajadas viendo la televisión, por ejemplo). La risa tendía a seguir un ritmo conversacional natural, salpicando el discurso después de declaraciones completas, y especialmente después de cambios de volumen o entonación. Lo más interesante fue que menos de una cuarta parte de los comentarios anteriores fueron realmente divertidos. Provine sugiere que la risa sincroniza los cerebros del hablante y del oyente, de tal manera que sirve como una señal para las áreas receptivas del lenguaje, quizás cambiando la activación entre estructuras cerebrales competitivas de cognición y emoción.

Las observaciones de los estudiantes de interpretación que se ríen en el momento adecuado lo llevaron a concluir que la risa está bajo un control consciente relativamente débil, y que la risa de aspecto más natural es causada por mecanismos subconscientes, lo que explica por qué la actuación del método puede conducir a la reproducción de emocionesmás eficazmente.

Hacer cosquillas y reír

Probablemente, hacer cosquillas es la forma más antigua y segura de estimular la risa. Las cosquillas y la risa son una de las primeras formas de comunicación entre la madre y el bebé. La risa aparece entre los tres meses y medio y los cuatro meses de vida, es decir, mucho antes de que hable. Por esta razón, la madre utiliza las cosquillas para estimular la risa del bebé y así establecer la comunicación. La risa a su vez incita a la madre a seguir haciéndole cosquillas, hasta que llega un momento en que el bebé comienza a quejarse, momento en el que la madre se detiene.

Por el mismo hecho de que es más difícil reír solo, también es difícil que una persona se haga cosquillas. Hacer cosquillas es una parte importante del juego, por lo que cuando le haces cosquillas a una persona, no solo intentas escapar y reír, sino que también intentas devolverla. En el proceso de dar y recibir cosquillas, existe una especie de programación neurológica que hace que las personas establezcan vínculos, y lo mismo ocurre con el sexo. Las axilas, las palmas de las manos y las plantas de los pies son zonas cuya estimulación por el cosquilleo produce la risa con mayor facilidad.

La risa es contagiosa

Al igual que el bostezo, la risa es un comportamiento social programado neurológicamente, cuyo origen radica en la necesidad de sincronizar el estado de comportamiento grupal. Es, por ejemplo, por qué hay un toque de risa en las comedias de situación de la televisión. Cuando escuchamos a otra persona reírse de algo, inmediatamente miramos ese algo y lo consideramos más divertido que si esa persona no se riera, y luego sonreímos o incluso reímos.

Risa y sexo

Tanto hombres como mujeres se ríen en la misma medida. Sin embargo, la situación que más risa produce es cuando un hombre habla con una mujer, o viceversa, y en esta situación la mujer es quien lidera la risa y el hombre el líder de la producción de la risa. Como ocurre con el habla, la risa de las mujeres generalmente presenta un tono más agudo que la de los hombres. Una de las características de los hombres más atractivos para las mujeres es el sentido del humor, aunque no precisamente la capacidad de reír. Es decir, la mujer busca un hombre que la haga reír y no se ría demasiado él mismo.

La risa como mecanismo para controlar a los demás

La relación entre la risa y los acontecimientos mundiales está modulada por la cultura y la sociedad. Actualmente, relacionamos la risa con la idea de "ser feliz y sentirse bien". Sin embargo, Platón y Aristóteles, entre otros autores que escribieron sobre la risa, tenían una visión más oscura de esto. Ellos, por ejemplo, encontraron divertidas las ejecuciones públicas, algo que actualmente es políticamente incorrecto, así como también se reían, además de las personas de su grupo, personas de otros grupos, como otras etnias o razas. En la actualidad, nuestro propio idioma matiza tal diferencia: reírse de alguien que no es igual es diferente que reírse de alguien que no lo es. Para Robert Provine, la risa ridícula es un mecanismo instintivo ancestral diferente a la risa grupal que servía para modular el comportamiento de individuos que no pertenecían al grupo en sí, para que se adaptaran e integraran en él. La antropóloga Verena Alberti utiliza los términos "risa de bienvenida" y "risa de exclusión".

Según el científico, esa es la razón por la que la gente se ríe en circunstancias vergonzosas o desagradables. Afirma que la risa es un instrumento para cambiar el comportamiento de los demás. En una situación embarazosa, como una disputa, la risa representa un gesto de apaciguamiento, una forma de disminuir la ira y la tensión. Si la otra persona está infectada, el riesgo de confrontación se disipa.

Las observaciones de Provine sugirieron que el rango social determina los patrones de risa, especialmente en el lugar de trabajo; los jefes fácilmente provocan la risa de sus subordinados y hacen bromas a su costa, lo que sugiere que el fenómeno es generalmente una respuesta a la sumisión al dominio.

La risa como origen del lenguaje

Según Robert Provine, los lingüistas y los estudiosos del lenguaje no prestan la debida atención a la risa, mientras que la fisiología de la laringe y de varias partes de las vías vocales sí desempeña un papel en la producción del sonido. En sus propias palabras:

"La risa es parte del vocabulario humano universal, y si queremos entender cómo el cerebro produce el sonido debemos analizar los comportamientos que todos tenemos de la misma manera; es decir, estudiar la risa, si queremos comprender el comportamiento humano, será como usar E. coli, o la mosca de la fruta, para comprender el mecanismo de la genética. En lugar de enfrentar la inmensa complejidad de la naturaleza, intentamos concentrarnos en una pequeña molécula, que es una parte, a la que se puede acceder mejor". -Robert Provine.

Capitulo 5: postura y orientación corporal

Aunque la postura se ve afectada por nuestro estado de salud y, a veces, por los muebles, en entornos estándar, nuestra postura está mediada en gran medida por nuestros estados emocionales y, por esta razón, la postura corporal puede ayudar a comunicar más sobre un carácter, personalidad y emoción individuales. Una de las ventajas del lenguaje corporal es que apenas está influenciado por la mente consciente, y esto hace que el lenguaje corporal sea una fuente muy confiable para perfilar a una persona. Necesitamos leer el lenguaje corporal para poder determinar el valor de verdad de las afirmaciones de un individuo. Si una persona dice que siente pena por lo que hizo antes de que puedas aceptar sus disculpas, tendrás que comprobar la honestidad de esa afirmación, y aquí es donde entra en juego la lectura del lenguaje corporal. Como se indicó, algunas profesiones como la médica, la aplicación de la ley y la resolución de conflictos requieren una lectura casi precisa del lenguaje corporal de un individuo.

Como se sugiere, la postura y la orientación corporal deben leerse en el contexto de todo el lenguaje corporal para desarrollar el significado completo que se comunica. Comenzando con una postura abierta, se usa para denotar amabilidad y positividad. En esta posición abierta, los pies se extienden ampliamente y las palmas de las manos miran hacia afuera. Las personas con una postura abierta se consideran más persuasivas en comparación con las que tienen otras posturas. Para realizar una postura abierta, uno debe pararse o sentarse derecho con la cabeza levantada y mantener el abdomen y el pecho expuestos. Cuando la postura abierta se combina con una expresión facial relajada y un buen contacto visual, hace que uno se vea accesible y sereno. Mantenga el cuerpo mirando hacia adelante hacia la otra persona durante una conversación.

En cuanto a la postura cerrada, uno cruza los brazos sobre el pecho, o cruza las piernas alejándose de alguien o se sienta en posición encorvada hacia adelante además de mostrar el dorso de las manos y apretar los puños, esto es indicativo de una postura cerrada. La postura cerrada da la impresión de que uno está aburrido, hostil o desapegado. En esta postura, un individuo actúa con cautela y parece dispuesto a defenderse de cualquier acusación o amenaza. Si esta postura se exhibe en una audiencia, entonces el individuo se siente inseguro por el mensaje, el hablante o por las acciones de otro miembro de la audiencia.

Además, existe una postura segura que ayuda a comunicar que uno no se siente ansioso, nervioso o estresado. La postura de confianza se logra tirando de uno mismo a la altura máxima, manteniendo la cabeza en alto y manteniendo la mirada al nivel de los ojos. Luego, tire de los hombros hacia atrás y mantenga los brazos y las piernas relajados a los lados. Es probable que los oradores utilicen la postura en un contexto formal, como cuando hacen una presentación, durante un interrogatorio o en la presentación de un proyecto.

Siempre se debe tomar nota del eco postural cuando se usa como una técnica de coqueteo al atraer a alguien en el guardián. Se logra observando e imitando el estilo de la persona y el ritmo de movimiento. Cuando el individuo se apoya contra la pared, repita lo mismo. Al ajustar sus posturas contra las de los demás para lograr una pareja, está comunicando que está tratando de coquetear con la persona. El eco postural también se puede utilizar como un juego de broma para alguien con quien esté familiarizado y con quien a menudo entable conversaciones casuales.

Mantener una postura recta comunica confianza y formalidad. Parte de la confianza de esta postura es que maximiza el flujo sanguíneo y ejerce menos presión sobre los músculos y las articulaciones, lo que mejora la compostura de un individuo. La postura recta ayuda a evocar el estado de ánimo y la emoción deseables que hacen que una persona se sienta llena de energía y alerta. Se prefiere una postura recta para conversaciones informales como durante reuniones, presentaciones o al dar un discurso.

De manera similar, estar en una posición desplomada y encorvado es una mala postura y hace que uno sea visto como perezoso, triste o pobre. Una posición encorvada implica una tensión en el cuerpo que hace que el individuo se sienta menos alerta y menos casual acerca de la conversación en curso. Por otro lado, inclinarse hacia adelante y mantener el contacto visual sugiere que uno está escuchando atentamente. Durante un discurso, si la audiencia se inclina hacia adelante en una posición erguida, indica que están ansiosos y receptivos al mensaje.

De esta manera, si uno inclina uno de los hombros al participar en una conversación, sugiere que el individuo está cansado o indispuesto. Inclinarse sobre un lado de manera aguda mientras está de pie o sentado indica que se siente agotado o harto de la conversación y que espera ansiosamente el final o un descanso. Piense en cómo reaccionó usted u otros cuando una clase se prolongó casi hasta el descanso. Existe una alta probabilidad de que la audiencia incline uno de sus hombros hacia la izquierda o hacia la derecha. En este estado, la mente del individuo se desvía hacia las cosas que hará a continuación. En el caso de una pausa para el té, la mente de los estudiantes se desviará hacia lo que harán durante o después de la pausa para el té.

Si uno se para sobre un pie, indica que se siente incómodo o cansado. Cuando uno se para sobre un pie, también podría sugerir que la persona está tratando de lidiar con alguna situación incómoda. La fuente de malestar puede ser emocional o fisiológica. Por ejemplo, probablemente hizo malabarismos con su cuerpo desde un pie para ayudar a aliviar la necesidad de dar un paseo corto o de pasar el viento. En la mayoría de los casos, uno se encuentra parado sobre un pie cuando se menciona un tema incómodo. Es una forma de interrumpir la concentración sostenida que puede mejorar la sensación perturbadora.

Además, si uno está de pie con los brazos en jarras mientras está de pie, entonces el individuo está mostrando una actitud negativa o desaprobación del mensaje. La postura se crea sosteniendo la cintura con ambas manos mientras está de pie y mirando a la persona objetivo. Las manos deben agarrar simultáneamente los flancos, la parte cercana a los riñones. En la mayoría de los casos, la postura de brazos en jarras va acompañada de desaprobación o cara sarcástica para denotar actitud, desdén o desaprobación.

Si uno ahueca la cabeza o la cara con las manos y apoya la cabeza hacia los muslos, entonces el individuo se siente avergonzado o agotado. Cuando el hablante menciona algo que te hace sentir avergonzado, es probable que uno ahueque su cara o cabeza y apoye la cara hacia los muslos. Es una forma literal de esconderse de la vergüenza. Es probable que los niños manifiesten esta postura aunque lo hagan estando de pie. Al estar de pie, esta postura puede hacer que parezca que está rezando.

Si uno estira los hombros y los brazos y los coloca en sillas a cada lado, entonces el individuo se siente cansado y casual. La postura es similar a un aleteo estático de alas donde uno estira sus hombros y brazos como alas y los apoya en sillas a cada lado. Es una de las posturas que comunica en voz alta que estás aburrido, que te sientes casual y que no te preocupas por las consecuencias de tu acción. La postura también invade la privacidad y el espacio de otras personas y puede interrumpir su concentración.

De manera relacionada, si uno se dobla al tocar ambas rodillas, entonces el individuo se siente agotado y menos formal con la audiencia. La postura también puede indicar agotamiento extremo y necesidad de descansar. Por ejemplo, la mayoría de los jugadores de fútbol se inclinan sin arrodillarse mientras se sujetan las dos rodillas, lo que indica agotamiento. Dado que en esta postura, uno está boca abajo, la postura puede ser muy inapropiada en contextos formales y puede hacer que uno parezca extraño.

Si uno inclina la cabeza y la sostiene con la palma abierta en las mejillas, entonces indica que está pensando profundamente y probablemente se siente triste, apenado o deprimido. La postura también se usa cuando uno está viendo algo con una alta probabilidad de resultados negativos, como una película o un juego. La postura ayuda a enfocarse profundamente en el tema similar a la meditación.

De manera similar, cruzar los brazos para tocar los hombros o tocar los bíceps indica que uno está tratando deliberadamente de concentrarse en el tema que se está discutiendo. A través de esta postura, un individuo intenta evitar distracciones y pensar más profundamente en lo que se le presenta. Si miras fútbol europeo, te darás cuenta de que los entrenadores usan esta postura cuando intentan estudiar el partido, especialmente cuando su equipo está abajo. Sin embargo, esta postura no debe utilizarse en contextos formales ya que sugiere descortesía. La postura debe usarse solo entre compañeros.

Por último, está el cruce de piernas desde el muslo hasta la rodilla sentado en una silla, especialmente en una silla reclinable. En esta postura, uno está comunicando que se siente relajado y menos formal. En la mayoría de los casos, esta postura se exhibe cuando uno está en casa viendo una película o en la oficina solo después del horario laboral. Si esta postura se replica en un contexto formal, sugiere aburrimiento o falta de concentración.

Finalmente, para la postura donde uno cruza las piernas desde el tobillo hasta la planta de los pies mientras está sentado, comunica que uno está tratando de enfocarse en un contexto informal como en casa. Por ejemplo, si una esposa o un hijo le pregunta al padre sobre algo en lo que tiene que pensar, es probable que el padre muestre esta postura. Si esta postura se replica en un contexto formal, sugiere aburrimiento o falta de concentración.

La postura y la orientación corporal deben interpretarse en el contexto de todo el lenguaje corporal para desarrollar el significado completo que se comunica.

Capitulo 6: Cómo fingir tu lenguaje corporal

Falsificar el lenguaje corporal no es fácil porque siempre hay algo que te va a vender. Puede ser que los ojos no acompañen la sonrisa, las manos no acompañen las palabras, o la cabeza no siga a las manos y muchas otras cosas. Sin embargo, a pesar de toda la venta, se puede aprender a simular el lenguaje corporal, por lo que significa que es posible fingir su lenguaje corporal. No es necesario que falsifique el 100 por ciento de su lenguaje corporal porque habrá un problema, pero siempre puede falsificar el 70 por ciento. Para que pueda falsificar su lenguaje corporal, primero debe comprender cómo aprender e interpretar el lenguaje corporal. Es como un juego de baloncesto, no puedes ser bueno en el baloncesto si no has aprendido sus reglas, los riesgos involucrados, la importancia del juego y el remedio si no estás logrando los resultados esperados.

En la simulación del lenguaje corporal, al igual que en el ejemplo anterior, debes saber cuáles son tus expectativas. ¿Por qué lo finges? Debes saber lo bueno que eres. Esto significa que debe probarlo con alguien que conoce y preguntarle qué piensa. Debes entender muy bien el lenguaje corporal que quieres fingir antes de intentarlo, de lo contrario te avergonzará. El lenguaje corporal fingido debe usarse por el bien común y no de manera visible. Cuando algunas personas falsifican el lenguaje corporal, aumenta la confianza en ellas y en los demás. Hay diferentes formas en las que puedes falsificar tu lenguaje corporal para satisfacer tus deseos. A continuación se muestran algunas de las formas de hacerlo;

Tomando una respiración profunda

Cuando hable con alguien, ya sea que esté dando un discurso a una audiencia o los esté escuchando, debe observar tanto la frecuencia respiratoria como las otras personas. La frecuencia respiratoria de una persona dice mucho sobre sus emociones. La respiración de una persona y sus emociones están muy conectadas, por lo que debes tener mucho cuidado con tu ritmo respiratorio si quieres fingirlo. Cuando alguien respira profundamente, puede mostrar que tiene miedo. Una persona que aguanta la respiración durante algún tiempo y luego respira profundamente muestra que tiene miedo. Por ejemplo, un niño que sabe que después de decirle a su madre que robó unos caramelos sabe que será castigado, sin importar lo que le pida su madre; simplemente respirará profundamente sin hablar.

Le está enviando un mensaje a su madre de que teme que si habla, será castigado. Así que si tienes miedo y no quieres mostrárselo a la otra persona, quieres sentirte más superior, quieres demostrar que no tienes miedo de hacer nada o que no tienes miedo de la otra persona, asegúrate de que tu respiración sea equilibrada. No debes inhalar profundamente una vez que haya hecho una pregunta, tómate un tiempo para respirar normalmente, puedes contener la respiración un poco y luego comenzar a respirar normalmente, alguien no reconocerá el miedo que estás experimentando.

Respirar profundamente también puede significar enojo. Cuando alguien está enojado, no tiene control sobre la cosa o la persona que lo molesta. Al igual que el miedo, la ira es emocional y, como dijimos, los sentimientos emocionales están conectados con la respiración. Cuando esté tan molesto y enojado, observe su frecuencia respiratoria si no quiere demostrarlo. Para fingir su frecuencia respiratoria, puede sonreír un poco y beber un poco de agua en el vaso cercano en lugar de respirar profundamente. Mantén el contacto visual y piensa en cosas divertidas de tu pasado, usa el humor, como hacer una broma divertida cuando la persona que pretende enojarte dice algo horrible, también puedes repetir una frase tranquilizadora en tu cabeza como 'tómatelo con calma, tómatelo con calma, todo está bien '. Esto le ayudará a calmarse y se dará cuenta de que su frecuencia respiratoria es normal.

La respiración profunda también muestra emoción. Esto podría ser como la emoción después de una fiesta. Te sientas y piensas en ello, aguantas la respiración mientras piensas en ello y luego respiras profundamente. Estás emocionado de que haya sido una fiesta maravillosa, pero si te escapaste de la casa y fuiste a esta fiesta maravillosa y vuelves y te encuentras con tus padres esperándote, tienes que fingirlo porque hay una fiesta en un día escolar. está garantizado para traer castigo. Para fingirlo debes asegurarte de no respirar profundamente con una amplia sonrisa en tu rostro. No hacer esto hará que tus padres vean tu entusiasmo y sepan lo que estabas haciendo.

Cuando alguien se siente aliviado, es probable que respire profundamente. Por lo tanto, respirar profundamente significa alivio. Es posible que haya estado peleando con alguien por un terreno durante un año, y luego él se acerca a usted y le dice que lo ha dejado ir, puede quedárselo. Esto es un alivio. Después de eso, respirarás profundamente. Siempre puede fingir esto para que pueda ver lo agotador que fue el caso para usted.

Cuando inhala profundamente, también puede mostrar conmoción, sorpresa que siempre va acompañada de un signo de cabeza, atracción amorosa, desesperanza o tristeza. Si tiene que fingir todo esto, debe asegurarse de que su respiración se mantenga normal sin importar cuánto estos sentimientos inunden su mente. Para asegurarse de querer fingir todos sus traumas emocionales o sentimientos sin que nadie sepa que son falsos, también es bueno que identifique sus desencadenantes emocionales. Esto lo ayudará a estar a cargo de sus emociones y cada vez que presione cualquier disparador, se encontrará sonriendo al respecto y no lo afectará. De esta manera lo habrías fingido sin lugar a dudas.

Controlar el movimiento de tus cejas

El movimiento de las cejas le dirá lo que está pensando y el mensaje que está tratando de transmitir. Al bajar las cejas al hablar con alguien, enviará una variedad de mensajes. Cuando bajas las cejas, muestra un engaño. Estarás ocultando algo a la audiencia o al orador. Si quieres fingir esto incluso si estás ocultando algo, asegúrate de que tus cejas estén levantadas con humildad. Esto enviará un mensaje diferente. Las cejas bajas también muestran deseo. El deseo de que los ojos no puedan ver o tengan miedo de ver. Por ejemplo, en una relación amorosa, cuando una pareja te pide un beso, es posible que bajes las cejas. Esto es enviar un mensaje de que tienes el deseo de besar pero no puedes decirlo, o los ojos no pueden evitarlo. Si quieres fingir esto para que la otra persona no vea que no tienes ningún deseo, puedes actuar sorprendido levantando las cejas con los ojos bien abiertos o hacer exactamente lo que se requiere. Esto le dirá a la persona tu sorpresa o tus deseos en el beso también.

Una persona que baja las cejas también puede estar molesta. La molestia puede ser causada por una variedad de cosas y teme que si levanta los ojos podría llorar o tener la tentación de decir algo malo. Si quieres fingir para que nadie pueda saber si estás molesto, puedes comenzar a inhalar y luego exhalar mientras cuentas, o concentrarte en el objetivo principal de la conversación y te darás cuenta de que tu molestia está disminuyendo y mientras haces todo esto, asegúrese de que sus cejas no hayan cambiado su posición anterior.

Las cejas levantadas pueden significar una solicitud o demanda de atención dependiendo de la pregunta planteada antes del levantamiento.

Exigir atención con las cejas levantadas se considera grosero a veces, especialmente si proviene de un niño a un padre o de una persona más joven a una mayor, por lo que debe tener cuidado si tiene este hábito. Fingiendo este alzar las cejas cuando pides atención, puedes mostrar atracción en su lugar, cuando alguien ve atracción en los ojos, te dará la atención que deseas. Esta atracción se puede realizar levantando las cejas para exponer los ojos.

La sumisión también se puede simbolizar con cejas levantadas. Por ejemplo, una persona que te pregunta si le vas a prestar dinero y alzas las cejas. Esto significa que se ha sometido a su solicitud y él recibirá el dinero. Pero si no quieres que la persona vea que estás forzando esta sumisión, también puedes bajar las cejas, se confundirá y no sabrá si es un sí o no o puedes levantar las cejas con los ojos mirando hacia arriba, esto le dirá a la persona que estás pensando en ello.

Levantar una ceja también puede indicar cinismo, especialmente cuando la otra persona está hablando de manera incorrecta. La otra persona puede sentirse ofendida si te vio alzar las cejas cínicamente para así fingir, puedes quedarte con las cejas normales pero enfoca tu mente en otra cosa. Cuando termina de hablar, se saludan y se van como si nada hubiera pasado. La mayoría de los psicólogos usan esta falsificación especialmente para los clientes que están tan deprimidos y están hablando cosas que no tienen sentido, los psicólogos incluso siguen adelante y asienten con la cabeza mientras los clientes hablan, luego pueden parafrasear sus palabras para obtener una aclaración. De lo contrario planteando una ceja les confundirá más y les molestará que no estén recibiendo la ayuda que necesitaban.

Juntar las cejas y levantar la frente indica alivio. Por ejemplo, has estado esperando todo un día por alguna noticia de la entrevista a la que asististe, luego finalmente llegan los resultados y encuentras que has aprobado. Esto es un gran alivio y sentirás que tus nervios se calman. De esta manera, sus cejas se juntarán y su frente se levantará. La ansiedad también se puede ver cuando las cejas se juntan y la frente se levanta. Puede fingir ansiedad, especialmente cuando quiere salir de una reunión aburrida que tiene, diciendo que tiene que ver a un médico. La muestra de ansiedad en tu rostro puede darte permiso para salir.

Relajando tu rostro

Una cara relajada no es una cara comprimida. Los músculos faciales pueden ver fácilmente un rostro relajado. Los músculos están flexionados, las cejas no juntas, la frente no está arrugada, los ojos no están tensos y los labios están llenos. Todos estos describen un rostro relajado. Si algo de lo anterior es opuesto, significa que no tienes la cara relajada y cualquiera podrá saber qué te molesta. Para fingir una cara relajada, debes comprender los siguientes significados faciales;

Un rostro relajado muestra control de las emociones. Le dice que usted tiene el control de lo que sucede a su alrededor.

Por ejemplo, usted se entrega a una discusión en la oficina con el compañero de trabajo, los gritos son tan altos de su compañero de trabajo que los otros trabajadores entran, solo por la calma en su rostro, los otros trabajadores verán su control de su emociones. Sabrán que tienes la situación bajo control y no te molesta.

Si eres un hombre de negocios y quieres demostrarle a las personas que pueden contar contigo, debes tener una cara relajada. Los rostros relajados muestran responsabilidad. Especialmente cuando hay un problema en la oficina y la gente está confundida, al mantener un rostro relajado, la gente tiende a verte como más responsable y contará contigo para dar las soluciones a cualquier problema que surja. La mayoría de los líderes magnéticos son expertos en esto. Siempre mantienen caras tranquilas incluso cuando las cosas son tan difíciles porque saben que la gente cuenta con ellos.

Cuando tienes el control de las cosas que suceden a tu alrededor, se ve en tu rostro tranquilo. Por ejemplo, recibe una llamada de la oficina que los trabajadores están alborotando, se ha llamado a la policía para desembolsar, pero la situación sigue desenfrenada. Entonces decides ir a la oficina, con una cara tranquila llamas a los trabajadores, y todos dejan de hacer lo que están haciendo y comienzan a escucharte abordar sus preocupaciones. La calma en tu rostro le dirá a cualquiera que venga a esa reunión y que tienes control sobre tu rostro incluso cuando en el fondo de ti sabes que no estás tranquilo.

Si quieres que la gente te respete, asegúrate de que tu rostro esté tranquilo, especialmente durante el estrés. Cuando estás tan herido y estresado, la gente siempre lo verá en tu cara. Pero cuando tu cara parece tan tranquila sin signos de estrés, esto los atraerá hacia ti, te respetarán y la mayoría querrá emularte. Verán a una persona que es un buen ejemplo de control y puede liderar. Una cara tranquila también hará que alguien vea honestidad en ti. Cuando hable con alguien después de que se haya cometido un error, su rostro le permitirá saber si es honesto o no. Por ejemplo, en la escuela, cuando ha sucedido algo malo y el maestro te llama a la sala de profesores, la calma de tu rostro le dirá al maestro que eres honesto en todo lo que dices. Así que fingir una cara tranquila te ayudará a conseguir lo que quieras.

Hablar en tonos equilibrados

Los tonos involucran el volumen que usa y el énfasis que pone en cada palabra. Cuando se pone énfasis en diferentes palabras, el significado de las palabras cambia. Cuando se aplican diferentes tonos a diferentes palabras, cambia la influencia emocional de las palabras. Por ejemplo, alguien que dice cortésmente mientras bromea "eres estúpido" sonará divertido y una broma, y emocionalmente no te hará daño a menos que alguien te hable en un tono firme y serio diciéndote lo mismo. El apego emocional a la primera incidencia y la segunda incidencia difiere debido a la variación tonal.

Tratando de fingir una sonrisa

Fingir una sonrisa no es algo fácil de hacer, especialmente cuando te diriges a un experto en lenguaje corporal. Es probable que te delate cuando no estés tan interesado en cómo fingirlo. La diferencia entre una sonrisa genuina y una sonrisa falsa se ve en los músculos faciales. Algunas sonrisas no muestran una positividad genuina y su identificación se basa en el momento. Lo más importante es la rapidez con la que aparecen y desaparecen. Una sonrisa genuina llega tarde y tarda en desaparecer. Una sonrisa genuina no es instantánea. Si estás hablando con una persona y quieres fingir una sonrisa genuina, comienza a sonreír después de que comience a hablarte y asegúrate de que tu sonrisa no desaparezca demasiado rápido. Sin embargo, no se exceda. Si espera demasiado más para que aparezca y luego manténgalo más de lo que se supone que debe antes de que desaparezca, la realidad se perderá. A veces puede parecer extraño si no lo está haciendo de la manera correcta.

Debe asegurarse de que sus sonrisas aparezcan en sucesión y no sean uniformes. Las sonrisas simétricas le harán saber a alguien que lo estás fingiendo porque cuando intentas fingir una sonrisa siempre quieres que alguien se dé cuenta de ello, evita las sonrisas uniformes con intervalos de tiempo desequilibrados porque harán que alguien sepa que estás fingiendo.

Apoyando tu cabeza

La forma en que apoya su cabeza mientras habla dice más de lo que piensa. Cuando su cabeza está apoyada en la posición de la barbilla horizontalmente con la barbilla levantada, esto es una muestra de superioridad. A la mayoría de los gerentes les gusta sentarse en esta posición en las reuniones mientras escuchan las opiniones del personal subalterno. Esta es una expresión de que son superiores a los demás. Fingir esto es fácil siempre que no pierda la concentración. Cuando junta las manos en la parte posterior de la cabeza con los codos extendidos, esto indica que tiene la suficiente confianza. Tienes confianza en lo que estás hablando y, al mismo tiempo, significa superioridad y dominio. Por ejemplo, una persona está tratando de enviar el mensaje de que "lo sé muy bien y soy el jefe". Esto sucede principalmente después de que alguien ha terminado un determinado proyecto.

A veces, juntar las manos en la parte posterior de la cabeza mientras mira al lado opuesto de una persona que le exige algo, puede mostrar sumisión. Esto se ve principalmente cuando la policía realiza arrestos. La policía le dice que ponga sus manos en la parte de atrás de su cabeza para que puedan registrarlo. Cuando cumple, muestra que se ha sometido al comando o solicitud que se está emitiendo.

Cuando apoya la cabeza de lado, envía diferentes mensajes. Podría estar cansado y podría necesitar un poco de relajación, especialmente cuando sostiene la cabeza con los ojos cerrados.

También podría significar que está realmente pensado cuando apoya la cabeza con las manos en la frente mirando hacia abajo. Apoyar la cabeza hacia los lados con enfoque en el hablante y una sonrisa también puede indicar admiración. Esto sucede principalmente cuando las personas están en una cita amorosa.

Apoyar su cabeza colocando las manos sobre su cabeza puede mostrar arrepentimiento. Esto se ve principalmente cuando los jugadores de fútbol han fallado un penalti o una oportunidad de gol.

Hay tantas formas en las que puedes fingir un lenguaje corporal y las anteriores son solo algunas. Debes darte cuenta de que tienes que falsificar al menos un porcentaje mayor de cada símbolo para que uno lo crea.

Puedes fingir cómo usar tus manos, tus piernas, tus brazos, tus palmas, tus ojos, la forma de hablar, tus labios y tantas otras cosas para que se ajusten a tus objetivos para adaptarse al momento en particular.

Capitulo 7: Comunicación verbal / no verbal

La comunicación verbal abarca tanto palabras habladas como escritas. Las palabras son una forma de comunicación que los humanos han utilizado para intercambiar sus pensamientos y mensajes, especialmente cuando no están en un entorno cara a cara. Esta es la forma de comunicación que se utiliza con más frecuencia, y es una de las que más hemos llegado a confiar.

Un ejemplo de comunicación verbal implica hablar en público, donde la comunicación se lleva a cabo verbalmente a grupos de audiencias. Otros ejemplos de comunicación verbal incluyen sus conversaciones diarias con sus amigos, familiares, compañeros de trabajo, clientes, incluso extraños al azar que conoce a medida que avanza el día. La comunicación verbal, en definitiva, ocurre todos los días y se ha vuelto tan rutinaria que la hacemos casi sin pensar más activamente en ello.

A diferencia de la comunicación no verbal que requiere un pensamiento activo. Esta forma de comunicación no tiene palabras ni sonidos en los que confiar. Nada más que lo que ves con tus ojos y lo que haces con eso. Cuando usamos gestos, movimientos corporales y expresiones faciales para transmitir nuestra intención, esa es una forma de comunicación no verbal.

Lo que tienen ambas formas de comunicación es que importan. Son contribuyentes igualmente importantes para el proceso de comunicación general. Incluso podría decir que la comunicación no verbal es más importante. La primera impresión que da a alguien no es verbal. Incluso antes del primer saludo y apretón de manos. Tome entrevistas de trabajo, por ejemplo. No se puede enfatizar lo suficiente lo importante que es causar una buena primera impresión. Dar una buena primera impresión es absolutamente fundamental durante una entrevista de trabajo. Desde el momento en que ingresa a la habitación, se está comunicando con su empleador potencial a través de sus gestos no verbales. Tu postura, expresión facial e incluso los gestos que hagas serán las pistas que tu empleador buscará cuando te evalúe.

Este mismo enfoque se aplica también a otras situaciones, como reunirse con clientes o realizar reuniones de negocios. La impresión que deja a las personas puede ser un factor decisivo importante para determinar el resultado de su éxito. Decir todas las palabras correctas, pero con el lenguaje corporal incorrecto, no le dará los resultados deseados que busca.

Analizar a las personas a través de sus declaraciones verbales

Nuestras habilidades de análisis y observación serían incompletas e ineficientes si ignoramos el significado de las declaraciones verbales. Las declaraciones verbales contienen una miríada de llaves en las puertas de nuestras personalidades, intenciones y emociones.

Puede extraer mucho de las palabras que escucha. Analizar a las personas a través de sus declaraciones verbales requiere menos esfuerzo y astucia que los comportamientos no verbales. Analizaremos en profundidad cómo nuestras palabras revelan nuestras intenciones, emociones y personalidades. Incluiré pistas comunes del habla que encontrará en sus interacciones diarias con quienes lo rodean. Profundicemos en este importante aspecto de la comunicación.

Comprender la relación entre palabras, comportamiento y personalidad

Todo lo que haces (no verbal) y dices (verbal) dice mucho sobre tu personalidad. Cuando se convierta en un experto en analizar a las personas, se dará cuenta de que existe una sinergia entre nuestras acciones, pensamientos y creencias y que cada uno se alinea para proporcionar una imagen completa de quiénes somos. Las palabras que usa, aunque parecen insignificantes en comparación con los lenguajes corporales, en realidad pueden decir mucho sobre sus deseos, fortalezas, inseguridades y emociones.

Cómo las palabras revelan tu personalidad

"¡Oye! ¿Te hiciste más alto durante la noche? A primera vista, esta declaración parece una broma amistosa y no revela vibraciones negativas. Sin embargo, si observa la declaración desde otra percepción, se dará cuenta de que nos da la oportunidad de vislumbrar la mente del hablante. En este contexto, el hablante se preocupa mucho por la diferencia de altura. ¿Cómo supimos eso?

Si piensas en las serpientes todo el día porque les tienes miedo, entonces fácilmente podrías confundir un eslizón con una serpiente.

En otras palabras, notamos las cosas que nos importan. Cuando observe las bromas amistosas, se dará cuenta de que la persona puede estar preocupada por su propia altura personal. Esta preocupación le ayudó a notar la diferencia de altura de su amigo.

Esta afirmación también podría deberse a la inseguridad del hablante sobre su propia altura. Recuerde, cuando se trata de analizar declaraciones verbales, debe tener en cuenta los diversos factores en juego, y esto también incluye observar el lenguaje corporal. En conjunto, ambos aspectos de la comunicación, verbal y no verbal, están incompletos sin el otro.

Antes de continuar, echemos un vistazo rápido a cómo puede analizar a las personas mediante bromas.

Aprende a quitarse el velo de las bromas

Dos adolescentes entraron en un restaurante. Cuando el camarero se acercó para tomar sus pedidos, uno de los niños dijo en broma: "Quiero cualquier cosa que cueste un millón de dólares". Para un observador casual, es una broma normal y suave. Para un observador astuto, este niño está preocupado por el dinero. Quizás su familia podría estar pasando por algún tipo de crisis financiera, o sus padres y seres queridos podrían haberle enseñado la importancia del dinero.

Siempre hay un mensaje oculto en cada broma. Por lo tanto, aprender a analizar estos chistes le permitirá vislumbrar los deseos y la personalidad más profundos del hablante. Debe saber que las palabras que la gente usa tienen un significado profundo, independientemente de lo bien redactadas que estén. Una persona puede contarle un chiste sin darse cuenta de que está revelando mucho más sobre sus intenciones. Por eso es fácil analizar a quienes hacen bromas hirientes para degradarte.

Antes de pasar a la siguiente sección, he aquí algunos consejos: nunca analices una sola frase por sí sola. Para no obtener resultados incorrectos, intente observar la oración completa, la forma en que se transmite el discurso y el lenguaje corporal que lo acompaña.

Como nota al margen ya que estamos hablando de bromas, ¿conoces la mejor señal de que alguien es inteligente? Humor. Si buscas hacer conexiones con la persona más inteligente de la sala, encuentra a la que hace reír más a los demás.

Las historias son poderosas

Es fácil reconocer una historia parcial, ya sea verbalmente o por escrito. Puede vislumbrar efectivamente la psique del narrador escuchándolo o leyendo su trabajo. Aquí hay un ejemplo para que lo analicemos:

Desde el punto de vista del sujeto A: Anoche, estaba caminando por una calle solitaria con mis amigos, y un hombre moreno grande y musculoso apareció del arbusto vecino y pareció venir hacia nosotros para atacar. Pero cambió de opinión en el último segundo y pasó junto a nosotros.

Desde el punto de vista del sujeto B: A última hora de la noche, estaba dando un paseo cuando perdí las llaves en un arbusto cercano. Ya estaba oscureciendo cuando me di cuenta de que no tenía las llaves encima. El tiempo no estaba de mi lado porque necesitaba llegar a casa rápidamente para prepararme para mi cita, así que busqué y busqué entre los arbustos hasta que sentí las llaves. Salté a la calle emocionada y comencé a correr a casa. En mi emoción, casi me topé con un grupo de adolescentes asustados.

Ambas historias nos dieron una percepción diferente sobre el incidente. El primer punto de vista fue el de un adolescente que no vio la expresión de emoción en el rostro de un hombre. Más bien, enfatizó las palabras enorme, grande y oscuro. Entonces, ¿por qué puso énfasis en los atributos físicos del hombre que saltó del arbusto? Bueno, es porque esa es la parte que más le preocupa. Estaba asustado por la aparición repentina y el tamaño físico del hombre, y eso tuvo un gran impacto en la historia. Tenemos una imagen completa y más clara cuando miras el punto de vista del otro hombre, y ese es el poder de la percepción en las historias.

Entonces, cuando alguien te cuenta una historia, quiero que analices la historia y tomes nota de los puntos enfatizados de la historia. Al hacer esto, sabrá cómo analizar a las personas de manera efectiva.

Pistas de palabras comunes que necesita saber

Las palabras son como puertas de entrada a la mente. Las palabras se utilizan a menudo para analizar los procesos de pensamiento de las personas, y lo más cerca que puede llegar a comprender los pensamientos de alguien depende de su capacidad para descifrar y escuchar las palabras que pronuncia. Las palabras que revelan los pensamientos de una persona se conocen como pistas de palabras.

Estas pistas de palabras aumentan sus posibilidades de analizar y predecir los patrones de comportamiento de las personas a través de las palabras que hablan o escriben. Las pistas de palabras por sí solas no pueden determinar la personalidad de una persona, pero nos brindan una idea de las características de comportamiento y los procesos de pensamiento de una persona. Puede extraer sus hipótesis de las pistas del mundo y llegar a una conclusión tomando nota de los otros aspectos de la comunicación.

Una visión de cómo funciona el proceso cerebral

Hay algo en lo que todos estamos de acuerdo: el cerebro humano es muy eficiente. Solo usamos verbos y sustantivos cuando pensamos.

Por ejemplo, "caminé" o "salté". Los adjetivos, adverbios y otras partes del discurso se agregan durante la última fase de conversión de pensamientos en lenguaje escrito o hablado. Las palabras que agregamos en esta etapa brindan una idea de quiénes somos y qué estamos pensando.

La oración básica y simple consta solo de un sujeto y un verbo. Por ejemplo, el enunciado verbal "caminé" consta únicamente del pronombre yo (sujeto) y el objeto que es el verbo "caminé". Cualquier otra palabra agregada a esta oración básica solo modifica la acción del verbo y la calidad del sustantivo. Estas adiciones o modificaciones deliberadas proporcionan una idea de las características de comportamiento y la personalidad del escritor o hablante.

Las pistas de palabras nos ayudan a hacer conjeturas de comportamiento o desarrollar hipótesis sobre la personalidad de los demás. Eche un vistazo a la declaración verbal "Caminé rápidamente". La palabra clave en esta oración es rápida porque sirve como una modificación del verbo caminó. Esta palabra clave infundió un sentido de urgencia en la declaración, pero no nos dio una razón. Una persona puede "caminar rápidamente" debido a la urgencia de una cita.

Las personas que utilizan esta frase se consideran meticulosas. Las personas meticulosas son confiables y aborrecen llegar tarde a una cita, ya que respetan las normas sociales y quieren estar a la altura de las expectativas. Este conjunto de personas también serán buenos empleados, ya que no quieren decepcionar a sus empleados.

Por el contrario, también puede caminar rápidamente cuando se encuentre en un área oscura y solitaria con mala reputación. El mal tiempo también podría ser la razón por la que caminas rápidamente.

En resumen, las personas pueden hacer uso de la palabra pista para caminar rápidamente por una variedad de razones. Es importante leer siempre declaraciones verbales en relación con las circunstancias que rodean al hablante o escritor.

Pistas de palabras que necesita saber

"Trabajé duro para lograr mis sueños"

La pista en esta oración es laboriosa y muestra que los sueños de la persona fueron difíciles de lograr. Quizás le tomó más tiempo y más difícil lograr este sueño en particular en comparación con las otras metas que ha logrado. Cuando profundicemos, descubrirá que la palabra clave trabajada sugiere que la persona cree que la dedicación y el trabajo duro pueden producir grandes resultados.

"Embolsé otro contrato"

La palabra pista es otra y revela que el orador o escritor ha ganado tantos contratos y este es solo el último logro. De la oración anterior, puede deducir que el orador quiere que todos los que se preocuparon por escuchar sepan que ganó tantos premios. Está tratando de reforzar su imagen de sí mismo apareciendo exitoso. Para un observador astuto, esta persona parece consciente de lo que piensan los demás. Más aún, necesita la adulación de los demás para aumentar su autoestima. Otros que notaron esta debilidad de carácter podrían intentar explotarla para sus ganancias personales.

"Jim y yo seguimos siendo amigos"

La palabra pista en esta oración se mantiene. De la oración, puede deducir que el orador y Jim han pasado por momentos difíciles. Quizás el tejido de su amistad haya pasado por distintas situaciones difíciles. Probablemente no se suponía que fueran amigos en circunstancias normales. El hablante está tratando de defender por qué siguió siendo amiga de Jim. El hablante no se siente convencido de su elección y, por tanto, siente la necesidad de defender su decisión.

"Me senté pacientemente durante la reunión"

Aquí, la palabra pista contiene pacientemente una plétora de hipótesis. Por ejemplo, el orador puede aburrirse con la conferencia pero sentirse obligado a sentarse a escucharla por varias razones. Quizás el hablante tuvo que usar el baño pero se sintió cohibido o atrapado por estar de pie para ir al baño. También puede deducir de la declaración que pudo haber tenido una cita urgente en otro lugar.

A partir de esta afirmación, podemos decir con precisión que el hablante es alguien que se adhiere a la etiqueta y las normas sociales, independientemente de otras necesidades urgentes. Aquellos sin límites sociales habrían dejado la conferencia para atender cualquier otro tema que requiriera su atención. Las personas con límites sociales como el orador serían buenos empleados, ya que saben cómo seguir las reglas y respetar la autoridad.

Por el contrario, aquellos que se van durante la conferencia para atender otras necesidades urgentes son candidatos perfectos para trabajos que requieren un pensamiento innovador.

"Decidí comprar ese vestido"

Aquí se decide el modificador o pista mundial. Indica que el orador sopesó varias opciones antes de conformarse con ese vestido en particular. Esta afirmación nos muestra que el hablante no es impulsivo. Más bien, sopesa sus opciones y da el paso más lógico. Más aún, existe una alta probabilidad de que nuestro hablante sea introvertido, ya que los introvertidos tienden a sopesar sus opciones antes de dar un paso.

No es un análisis seguro, sino una hipótesis sobre la personalidad del hablante. Por el contrario, una persona impulsiva diría: "Acabo de comprar ese vestido". La palabra pista simplemente representa una decisión impulsiva.

"Hice lo correcto"

La palabra pista, "correcto", sugiere que el hablante luchó con un dilema moral o ético antes de llegar a la decisión. Esta declaración verbal sugiere que la persona tiene una sólida fuerza de carácter para tomar la mejor y más justa decisión frente a opiniones opuestas abrumadoras.

Como indican los especialistas, una parte importante de nuestra correspondencia no es verbal. De manera constante, reaccionamos a miles de señales y prácticas no verbales, incluidas las posturas, la apariencia externa, la mirada fija, los movimientos y la forma de hablar. Desde nuestros apretones de manos hasta nuestros cortes de pelo, las sutilezas no verbales descubren cuál es nuestra identidad e influyen en la forma en que nos identificamos con otras personas.

La mayor parte del tiempo, impartimos datos de manera no verbal utilizando recopilaciones de prácticas. Por ejemplo, podemos consolidar un ceño fruncido con los brazos cruzados y una mirada fija sin pestañear para demostrar insatisfacción.

9 tipos de comunicación no verbal

1. Apariciones externas

Las apariencias externas son responsables de una inmensa extensión de correspondencia no verbal. Piense en cuántos datos se pueden transmitir con una sonrisa o un ceño fruncido. La expresión del rostro de un individuo es lo principal que vemos, incluso antes de escuchar lo que tiene que decir.

2. Mociones

Los desarrollos con propósito y los signos son un método significativo para impartir importancia sin palabras. Los movimientos básicos incorporan agitar, indicar y utilizar los dedos para mostrar sumas numéricas. Los diferentes movimientos son subjetivos y se identifican con la cultura.

En los tribunales, se sabe que los asesores legales utilizan diversos signos no verbales para tratar de influir en los sentimientos de los oyentes legales. Un abogado puede mirar su reloj para proponer que el argumento del abogado contradictorio es monótono o incluso puede fingir exacerbación ante la declaración ofrecida por un observador que trata de socavar su credibilidad. Estos signos no verbales se consideran tan innovadores y poderosos que algunos jueces incluso detectan restricciones sobre qué tipo de prácticas no verbales están permitidas en la corte.

3. Paraingüística

La paraingüística alude a la correspondencia vocal aislada del lenguaje real. Esto incorpora factores como, por ejemplo, forma de hablar, conmoción, afecto y tono. Considere el impacto asombroso que esa forma de hablar puede tener sobre la importancia de una oración. Cuando se dice de una manera sólida de hablar, los miembros de la audiencia pueden traducir respaldo y entusiasmo. Palabras similares dichas de una manera reticente pueden transmitir objeciones y una ausencia de intriga.

Considere todas las formas en que básicamente cambiar su forma de hablar puede cambiar el significado de una oración. Un compañero puede preguntarle cómo se está llevando y usted reacciona con el estándar "Estoy bien", pero la forma en que realmente dice esas palabras puede revelar una gran medida de cómo se siente realmente. Una forma de hablar de virus puede indicar que no está bien, pero no desea examinarlo. Una manera brillante y alegre de hablar revelará que realmente lo está haciendo muy bien. Un tono grave y triste demostraría que eres algo contrario a la multa y que tal vez tu compañero debería preguntar más.

4. Comunicación y postura no verbal

La postura y el desarrollo también pueden transmitir una gran cantidad de datos. La investigación sobre la comunicación no verbal se ha desarrollado esencialmente desde la década de 1970, sin embargo, los medios de comunicación bien conocidos se han concentrado en la traducción excesiva de posturas protectoras, intersección de brazos y cruces de piernas, particularmente después de la distribución del libro Body Language de Julius Fast.

Si bien estas prácticas no verbales pueden mostrar emociones y comportamientos, investigue las propuestas de que la comunicación no verbal es, sin duda, más discreta y menos concluyente de lo que se ha aceptado recientemente.

5. Proxémica

Los individuos aluden con frecuencia a su necesidad de "espacio individual", que también es un tipo significativo de correspondencia no verbal. La medida de separación que necesitamos y la medida de espacio que consideramos tener un lugar con nosotros se ve afectada por varias variables, incluidos los estándares sociales, los deseos sociales, los factores situacionales, los atributos del carácter y el nivel de naturaleza. Por ejemplo, la medida de espacio individual requerida cuando se tiene una conversación tranquila con otra persona, como regla, difiere entre 18 pulgadas y cuatro pies. Por otra parte, la separación individual requerida al dirigirse a una horda de individuos es de alrededor de 10 a 12 pies.

6. Mirada a los ojos

Los ojos asumen un trabajo importante en la correspondencia no verbal y cosas como mirar, mirar fijamente y parpadear son prácticas no verbales importantes. En el momento en que las personas experimentan a las personas o las cosas que les gustan, el ritmo de los incrementos parpadeantes y los alumnos se expande. Echar un vistazo a otra persona puede demostrar una variedad de sentimientos que incluyen una vibra amenazante, intriga y fascinación.

Las personas también utilizan la mirada fija como una forma de decidir si alguien está siendo sincero. El contacto típico con la mirada vigilante se toma con frecuencia como una señal de que una persona está limpiando y es confiable. Los ojos engañosos y la falta de contacto, por otra parte, se observa regularmente como un indicador de que alguien está mintiendo o siendo engañoso.

7. Hápticos

Impartir a través del tacto es otra conducta no verbal importante. Ha habido una generosa cantidad de investigaciones sobre la importancia del tacto en las primeras etapas y en la primera juventud. El gran concentrado de mono de Harry Harlow mostró cómo el contacto negado obstruye el avance. Los monos bebés criados por mamás de alambre experimentaron deficiencias constantes en la conducta y la cooperación social. El contacto se puede utilizar para transmitir cariño, simpatía, compasión y diferentes sentimientos.

En su libro Interpersonal Communication: Everyday Encounters, la escritora Julia Wood escribe que el tacto también se utiliza con regularidad como una forma de impartir estatus y poder. Los analistas han descubierto que las personas de alto estatus en general atacarán el espacio cercano al hogar de otras personas con una recurrencia y fuerza más prominentes que las personas de estatus inferior. Los contrastes sexuales también asumen un papel en la forma en que las personas usan el contacto para impartir significado.

En general, las mujeres usarán el contacto para transmitir cuidado, preocupación y cariño. Los hombres, por otra parte, están obligados a utilizar el contacto para declarar poder o mando sobre los demás.

8. Apariencia

Nuestra decisión de sombreado, prendas, peinados y diferentes elementos que influyen en la apariencia se ven además como un método de comunicación no verbal. La investigación sobre la ciencia del cerebro de sombreado ha demostrado que varios tonos pueden inspirar varios temperamentos. La apariencia también puede cambiar las respuestas, decisiones y comprensiones fisiológicas. Simplemente piense en todas las decisiones sin pretensiones que toma rápidamente sobre alguien que depende de su apariencia. Estas presentaciones iniciales son significativas, razón por la cual los especialistas recomiendan que los buscadores de actividades se vistan adecuadamente para entrevistas con negocios potenciales.

Los especialistas han descubierto que la apariencia puede asumir un papel en la forma en que se ve a las personas e incluso en la cantidad que ganan. Un estudio de 1996 encontró que los abogados que fueron evaluados como más atractivos que sus amigos ganaban casi un 15 por ciento más que los que se consideraban menos atractivos. La cultura tiene un impacto significativo en cómo se juzgan las apariencias. Si bien la esbeltez en general será estimada en las sociedades occidentales, algunas sociedades africanas relacionan los cuerpos de plena figura con un mejor bienestar, riqueza y bienestar económico.

9. Reliquias

Los elementos y las imágenes también son aparatos que se pueden utilizar para transmitir de forma no verbal. En una reunión en línea, por ejemplo, puede elegir un símbolo para hablar con su personaje en la web y para impartir datos sobre cuál es su identidad y las cosas que le gustan. Las personas invierten regularmente mucha energía en la construcción de una imagen específica y se rodean de artículos destinados a transmitir datos sobre las cosas que son esenciales para ellos. Los trajes, por ejemplo, se pueden utilizar para transmitir una enorme cantidad de datos sobre un individuo. Un luchador usará escapes, un oficial de policía usará un uniforme y un especialista usará una chaqueta blanca esterilizada. Con un simple vistazo, estos conjuntos le dicen a las personas lo que una persona logra profesionalmente.

Capitulo 8: Cómo detectar mentiras

Imagina un mundo donde la gente dice lo primero que se le viene a la mente, un mundo donde le dijiste la verdad a todas las personas con las que hablaste.

Por ejemplo, supongamos que echó un vistazo a su jefe temprano en la mañana solo para decirle que parece un debilucho.

O imagínese como un vendedor diciéndole a un cliente cuán firmes y alegres son sus pechos o una mujer diciéndole a su vecino lo lindo y apretado que es su trasero.

¿Cuál crees que sería el resultado? ¿Paz o caos? Antes de responder eso, aquí hay otro escenario con el que la mayoría de la gente está bastante familiarizada: su cónyuge se da la vuelta frente al espejo y pregunta: "¿Este vestido me hace ver gorda?" Incluso si el vestido la hace ver gorda, sé que la mayoría de los hombres dirán algo así: "No, no es así, probablemente sea el espejo que te está jugando una mala pasada".

Entonces, ¿por qué optamos por mentir o pasar por alto algunos hechos importantes? Bueno, es para evitar el caos. A medida que envejecemos, hemos aprendido el arte del engaño para engrasar nuestras interacciones con los demás y ayudarnos a mantener interacciones sociales saludables. Sabemos cuánto duele a veces la verdad fría y dura, y no es de extrañar que las investigaciones respalden el hecho de que los mentirosos sociales son más populares que aquellos que dicen la verdad repetidamente.

Este tipo de mentira se conoce como mentira piadosa, ya que a menudo sabemos que la otra persona está tratando de no herir nuestros sentimientos.

Entonces, ¿qué pasa con las mentiras maliciosas que la gente dice para engañar deliberadamente a otros para su beneficio personal? En esto es en lo que vamos a centrar nuestra atención. Echaremos un vistazo a las pistas comunes que dan los mentirosos maliciosos cuando mienten o ocultan la verdad. Antes de explorar estas señales de engaño comunes, quiero que comprenda por qué es tan importante estudiar las señales de engaño.

Tú y yo merecemos saber la verdad. La sociedad funciona sobre la capacidad de confiar en las palabras de las personas, que las personas elegirán respetar sus palabras. Si no fuera así, la sociedad se hundiría en el caos, las relaciones tendrían una vida muy corta, no habría comercio y los padres y los hijos no confiarían el uno en el otro.

En la medida en que a veces usemos la mentira piadosa para evitar el caos, la sociedad también depende de la honestidad porque todos sufriríamos en ausencia de la verdad.

Millones de personas pagaron el precio con sus vidas cuando Adolf Hitler le mintió a Neville Chamberlain. Cuando Bill Clinton mintió, destruyó la reputación que había construido a lo largo de los años. Cuando Richard Nixon mintió, casi rompió la lealtad y la confianza inquebrantables de los ciudadanos estadounidenses hacia su país. La verdad es, sin duda, fundamental en todas las relaciones, ya sean profesionales o personales.

Tenemos suerte de que la gente diga la verdad la mayor parte del tiempo y la mayoría de las mentiras que encontramos son generalmente mentiras piadosas o sociales. Cuando se trata de asuntos cruciales, es esencial para nosotros evaluar la veracidad de lo que se nos dice.

No siempre es fácil encontrar la verdad. Durante milenios, la gente tuvo que confiar en el uso de dispositivos de tortura para obtener la verdad de los sospechosos de engaño. Hoy en día, la gente ha aprendido a analizar la escritura a mano y la voz y a utilizar la prueba del polígrafo para saber la verdad.

Aún así, incluso con nuestras técnicas avanzadas, existen muchas preocupaciones sobre la precisión de estos métodos. Puede pensar que tiene pocas posibilidades de tener éxito cuando estas técnicas modernas de análisis del engaño aún pueden fallar. No se desanime. Con la práctica, mejorará en la lectura de estas señales de engaños.

Después de todo, es imposible ocultar totalmente el engaño.

Por qué es difícil mentir

La práctica hace al maestro, y la mayoría de las personas han pasado una buena cantidad de tiempo practicando y perfeccionando sus habilidades para mentir. Hemos aprendido a mentir desde una edad temprana y lo hemos hecho con tanta frecuencia que nos hemos vuelto buenos en eso.

A pesar de nuestras habilidades percibidas para el engaño, todavía emitimos señales no verbales que delatan nuestras emociones más íntimas al observador astuto.

Por ejemplo, las personas tienden a sonreír menos cuando mienten. Esto es contrario a la idea errónea de que sonreímos más cuando mentimos.

La dificultad del engaño es que la mente subconsciente da señales contrarias a nuestras declaraciones verbales. Por eso es tan fácil atrapar a alguien que no tiene experiencia en el engaño. Por otro lado, los actores, políticos y figuras públicas han aprendido a refinar sus gestos corporales al nivel en el que es difícil atraparlos en una mentira. Suelen restringir sus gestos para no revelar gestos negativos o positivos cuando mienten.

Los investigadores han descubierto que es más fácil mentir por teléfono o por correo electrónico. También es fácil mentir cuando una parte de su cuerpo está oculta al entrevistador o interrogador. No es de extrañar que los organismos encargados de hacer cumplir la ley coloquen al sospechoso en una silla al aire libre en un intento por tener una vista sin restricciones de su lenguaje corporal.

Cómo detectar el engaño

Las personas emiten diferentes tipos de señales que revelan el engaño. Algunas de estas señales son tan sutiles que incluso los lectores veteranos del lenguaje corporal podrían perderse si no saben dónde buscar. Algunas señales son insignificantes a menos que las estudie en grupos antes de poder obtener un análisis preciso.

En algunos casos, estará buscando señales de mentiras de omisión, buscando la información oculta. Otras veces, buscará mentiras de comisión: declaraciones o acciones verbales que no concuerden con el resto del mensaje.

A veces, no tendrá acceso a estas pistas de engaño, ya que es posible que se esté comunicando con la otra persona a través de un correo electrónico o una llamada telefónica.

Variables como el origen étnico, el género y los antecedentes culturales también pueden influir en la forma en que detecta las señales de engaño no verbal. Examinemos los principales signos de engaño en las personas.

Estudiar el lenguaje corporal

Cada parte del cuerpo humano traiciona nuestros verdaderos sentimientos. Al estudiar los brazos, las piernas, los ojos, la nariz y el torso, puede deducir efectivamente si alguien está mintiendo.

Los mentirosos intentarán evitar el contacto visual

Cuando mienten, las personas a menudo desvían la vista para no traicionar sus verdaderas emociones. A menudo hacen todo lo que está a su alcance para evitar mirarte, ya que piensan que sus mentiras serán descubiertas a través de sus ojos.

Por el contrario, las personas suelen prestarle toda su atención y concentración cuando dicen la verdad.

Movimiento corporal restringido

Los brazos y los pies son grandes indicadores de emociones negativas, como el engaño. Es fácil detectar los gestos creados por estas partes del cuerpo.

Cuando alguien miente, tiende a ser menos expresivo con los brazos o las manos. Esto significa que son conscientes de exponerse.

¿Alguna vez has notado los movimientos de tus brazos cuando te apasiona algo? Sus brazos se agitarán alrededor mientras intenta enfatizar su punto.

Cuando nota que una persona está sentada con las piernas y los brazos cerca del cuerpo, es una señal de que tiene algo adentro. Tenga cuidado con los gestos antinaturales de las manos y los brazos. Las personas que mienten a menudo intentan superar sus gestos corporales restringidos utilizando sus gestos para convencernos de la honestidad de su declaración verbal.

Encubrimiento involuntario

Cuando la mano de la persona va directamente a la cara al hacer una declaración o responder a una pregunta, es una clara señal de engaño. Los mentirosos a menudo se tapan la boca mientras hablan como si no creyeran lo que están diciendo.

Cuidado con las contradicciones y las coherencias

En esta sección, analizaremos en profundidad las correlaciones entre las declaraciones verbales y el lenguaje corporal que las acompaña.

Desde contradicciones obvias, como mover la cabeza de un lado a otro mientras dice que sí, hasta una forma de contradicción más sutil, como un labio fruncido, aprenderá a interpretar con precisión estas señales.

Verá que estos signos ocurren tanto a nivel consciente como subconsciente. Notarás cuando las personas hacen un esfuerzo consciente para embellecer sus puntos a través de sus gestos forzados y fuera de tiempo.

También aprenderá a leer las expresiones de reacción iniciales de las personas. Esta es la expresión inicial que nota en los rostros de las personas antes de que la enmascaren con otro lenguaje corporal. Incluso si no puede leer la expresión inicial fugaz, generalmente es una indicación de que alguien tenía algo que ocultar.

Observe el tiempo

El tiempo lo es todo cuando se detecta un engaño. Por ejemplo, si la cabeza de una persona comienza a sacudirse en una dirección afirmativa antes de que salgan las palabras, es muy probable que esté diciendo la verdad. Pero si la cabeza de la persona se sacude después de que se hace el punto, es una señal de que la persona está tratando de demostrar su convicción.

Tenga cuidado con los movimientos de brazos y manos que demuestran un punto después de que se ha hecho. Este gesto es una ocurrencia tardía y es obra de un mentiroso de mala calidad. Estos movimientos de brazos y manos no solo comenzarán tarde, sino que también parecerán mecánicos y en guerra con la declaración "verbal". Alguien que esté realmente convencido de su declaración asentirá o sacudirá la cabeza en sintonía con cada punto que haga.

Tenga en cuenta que un asentimiento mecánico cuando no tiene sentido enfatizar es un signo de engaño.

Olfatear las contradicciones

El tiempo es crucial, pero debemos prestar más atención a las contradicciones entre las señales verbales y no verbales. La mujer que sonríe mientras dice "Te odio" está enviando una señal contradictoria. Hay una evidente falta de armonía entre su expresión facial y su declaración verbal. Otro ejemplo es un hombre que le dice a su novia o cónyuge que la ama mientras aprieta los puños. Del mismo modo, el gesto y la declaración verbal no están en armonía.

Estudie el momento de la emoción

También es difícil fingir la sincronización de las emociones. Para que pueda detectar el engaño, observe cuidadosamente el momento de las emociones y nunca se dejará engañar. Una emoción falsa no es espontánea; suele haber un retraso en el inicio de la emoción. La emoción falsa dura más de lo normal y termina abruptamente.

Tomemos la emoción de la sorpresa para pintar este punto. La emoción de sorpresa es siempre fugaz y es una respuesta falsa si dura demasiado. Entonces, cuando las personas fingen sorpresa, generalmente mantienen la cara de sorpresa más tiempo de lo habitual.

La sonrisa infeliz

Aquí hay otra contradicción que debe tener en cuenta. Toqué brevemente este aspecto cuando expliqué el concepto de sonrisas. Expliqué la diferencia entre sonrisas falsas y reales y cómo la primera se limita solo al área de la boca. Cuando preste mucha atención, notará que la mayoría de las señales de engaño se limitan a la región de la boca.

Interacciones interpersonales

Debe considerar muchos factores al buscar signos de engaño en las personas. Fíjate en su postura en relación con el medio ambiente. Observe su postura para ver si es defensiva u ofensiva. Las investigaciones muestran que es probable que las personas culpables se pongan a la defensiva porque sienten que están encerradas. Así que examinemos los tipos de señales que obtendrá de alguien que esté a la defensiva.

El cambio de cabeza

Cuando las personas no se sienten cómodas con su expresión o con lo que están escuchando, a menudo apartan la cabeza de la persona con la que están hablando. Este es un intento de crear una brecha desde la fuente de la incomodidad. Sin embargo, moverá la cabeza hacia la otra persona si se siente cómodo y seguro en sus acciones.

Tome nota de la leve retirada consciente o pronunciada sacudida de la cabeza durante una conversación. Esta es una indicación de engaño o encubrimiento. Eso sí, nunca confunda esta acción con una ligera inclinación de la cabeza hacia un lado. Este gesto se produce cuando escuchamos algo de interés. También podría funcionar como una posición vulnerable.

Comprueba la postura

El engaño genera inseguridad en las personas y esto se refleja en la postura corporal. Cuando una persona se siente confiada o segura de una situación, se sienta derecho o erguido. Esto también indica cómo se sienten las personas sobre sí mismas.

Los mentirosos se vuelven inseguros de sí mismos, y eso se refleja en su postura corporal encorvada. Por otro lado, aquellos que confían en lo que están diciendo se mantendrán erguidos y caminarán rápidamente. Debe saber que esto no es realmente una señal efectiva de engaño, ya que es fácil asumir conscientemente esta posición.

Aquellos que se alejan

Es un instinto humano alejarse de aquellos que representan un problema y una amenaza para nosotros. Nunca verá a una presa moverse voluntariamente hacia un depredador; no es posible. Este instinto también es una señal importante para detectar el engaño. Las personas que se sienten apasionadas y seguras de lo que están diciendo a menudo caminarán hacia la otra persona. Por otro lado, las personas que mienten o engañan inclinarán su cuerpo o se moverán hacia la puerta.

Sin contacto corporal

Cuando mentimos, a menudo tenemos la sensación de que la otra persona puede ver a través de nuestro ardid. Por lo tanto, huimos de cualquier forma de contacto físico que pueda traicionar nuestras verdaderas intenciones. Es una señal importante de engaño. El mentiroso rara vez tocará a la otra persona durante una conversación. Dado que el tacto representa una conexión psicológica, el mentiroso inconscientemente reducirá el nivel de intimidad para ocultar su culpa.

Sin señalar con el dedo

Es un hecho que todos odiamos que la gente nos señale con el dedo. Sin embargo, es un gesto indispensable del que todos somos culpables cuando intentamos enfatizar un punto. Enfatiza la convicción, y eso es lo que generalmente les falta a los mentirosos. Por lo tanto, es posible que un mentiroso no pueda utilizar el gesto de señalar con el dedo para enfatizar un punto.

Contenido verbal

Es posible detectar el engaño a partir de declaraciones verbales. Las palabras que usamos también pueden darnos una idea de nuestros sentimientos o emociones internas. Cuando las personas desean engañar, utilizan ciertas frases, palabras o sintaxis que creen que reflejarán la verdad en su mensaje.

Un observador astuto podrá detectar palabras o frases disfrazadas de mentira. Aquí algunas pistas para detectar engaños en mensajes verbales.

Cuando obtiene respuestas en sus propias palabras

Tómate un momento para notar la forma en que respondes a los saludos sociales cuando estás preocupado. Cuando entras en un salón de clases y alguien te saluda, también respondes con hola. En ese momento, o estás preocupado o no estás interesado en hacer el esfuerzo de pensar.

En este mismo contexto, cuando alguien es acusado, reflejará la pregunta del acusador por miedo a ser atrapado. ¿Por qué? Es porque la pregunta lo ha pillado. Por ejemplo, un padre furioso pregunta: "¿Bebiste alcohol?" Los mentirosos responderán negativamente: "No bebí alcohol". Notarás que la palabra hizo en la pregunta se convirtió en no.

Ésta es una pista importante de que el acusado miente, ya que el culpable siempre quiere obtener las respuestas lo más rápido posible.

1. Los mentirosos prueban más

Alguien que está diciendo la verdad no intentará exagerar para convencerlo con su respuesta. Un mentiroso se exagerará para asegurarse de que usted entiende su punto para evitar más preguntas sobre el tema. E intentará cambiar de tema inmediatamente cuando crea que te ha convencido. Utilizará palabras fuertes y audaces incluso si su evidencia es frágil.

Por ejemplo, si se le pregunta si ha hecho trampa en la escuela antes, podría responder con "Estoy bastante seguro de que nunca lo hice". Sin embargo, si está tratando de encubrir sus fechorías pasadas, es probable que su respuesta sea más elaborada: "No, nunca haría trampa en un examen".

2. Esté atento al desliz freudiano

Todos estamos familiarizados con el viejo desliz de la lengua. A veces decimos una cosa cuando queremos decir otra. La mayoría de las veces, estos lapsus de la lengua o filtraciones subconscientes reflejan nuestras emociones o sentimientos internos.

Por ejemplo, un panadero que podría querer decir: "Horneé el pastel yo solo durante toda la noche", podría resbalar y decir: "Horneamos el pastel juntos trabajando toda la noche". Aunque los deslices freudianos son grandes indicadores de los pensamientos internos de una persona, su ocurrencia es impredecible.

3. Cuidado con los que despersonalizan las preguntas

Tenga cuidado con aquellos que despersonalizan su pregunta, ya que existe una alta probabilidad de que le estén mintiendo.

Supongamos que le preguntó a un ex empleado: "¿Le robaste a tu jefe anterior?" Observe si recibe una respuesta del tipo "No, creo que robar es lo peor que puede hacer un ser humano".

Como puede ver en el ejemplo, el mentiroso ha frustrado con éxito la respuesta de una manera impersonal. El mentiroso también podría ir más lejos diciendo: "Sabes que aborrezco esas cosas. Creo que es moralmente repulsivo ".

4. Los mentirosos se sienten incómodos con el silencio

El silencio tiene mucho significado y, para el mentiroso, significa que la otra persona no está comprando lo que está diciendo. Se vuelven más incómodos a medida que el silencio se alarga mucho más de lo necesario.

Cuando le haga una pregunta a alguien, observe si le da más respuestas sin ser empujado.

Este es un escenario típico que se ve a menudo en las películas: el Sr. Peter está sentado ante un oficial de policía en una sala de interrogatorios. El investigador le pregunta a Peter sobre su paradero en la noche de la escena del crimen, y él responde: "Me estaba divirtiendo con mis amigos en el club del centro". Sin embargo, el investigador no reconoce la respuesta. Más bien, permanece en silencio y mira a Peter. A medida que el silencio se vuelve insoportable, Peter se pone nervioso y continúa agregando más hechos no solicitados que realmente lo implican al final.

El culpable siempre se asustará por el silencio y contará su historia en pedazos hasta que obtenga una confirmación verbal para dejar de hablar.

5. La respuesta implícita es no respuesta

Aquí hay una señal de engaño que debe tener en cuenta. Tenga cuidado con aquellos que eluden respondiendo su pregunta y en su lugar le dan una respuesta implícita.

Por ejemplo, estás hablando con una chica por teléfono y le preguntaste si era hermosa. Si procede a decirle que hace ejercicio tres veces al día, come saludable y corre alrededor de la cuadra por la noche, entonces le ha dado una respuesta implícita.

Ella está tratando de eludir la pregunta dando a entender que es hermosa.

Cómo se transmiten las palabras

He aquí una pregunta para usted: ¿por qué cree que algunos vendedores de la empresa venden más que otros en la misma empresa a pesar de leer el mismo material de ventas y vender el mismo producto?

¿Qué marca la diferencia? Creo que la respuesta está en la forma en que transmiten sus palabras. Cómo se dice algo es tan importante como lo que se dice. Examinemos cómo se puede utilizar la transmisión de palabras para detectar el engaño.

1. Estudie la velocidad de las respuestas

Un restaurante utiliza la prueba de respuesta rápida para contratar trabajadores. Así es como funciona. Le preguntarán al empleado si tiene algún prejuicio contra personas de diferentes grupos raciales o preferencias sexuales diferentes. Cuanto más tarde el entrevistado en responder, menor será la puntuación.

Dado que la pregunta tiene que ver con creencias, la mente tarda más en procesar. Por lo tanto, alguien que no tiene prejuicios ni discriminación responde rápidamente. Una persona con prejuicios necesitará tiempo para dar la respuesta "correcta" o deshonesta; nadie quiere ser visto como prejuicioso.

Sin embargo, si una persona con prejuicios puede dar una respuesta rápida, el entrevistador observa qué tan rápido el resto de las oraciones siguen a la respuesta inicial de sí o no. Aquellos que digan la verdad seguirán inmediatamente su respuesta inicial de una palabra con una explicación. Si la persona es engañosa, el resto de la oración llegará lentamente después de la respuesta inicial.

2. Los mentirosos a menudo evitan poner énfasis

Un mentiroso a menudo intentará limitar su propiedad y compromiso con sus respuestas. Pronombres como nosotros yo no se utilizan en sus respuestas. Cuando alguien dice la verdad, a menudo utiliza los pronombres posesivos tanto como el resto de su declaración.

Por ejemplo, una persona sincera responderá afirmativamente diciendo: "Sí, lo soy". Un mentiroso puede responder con un simple sí.

Es posible que un mentiroso no ponga énfasis en las palabras de expresión y, a menudo, tratará de reducir la propiedad de sus palabras.

Por ejemplo, un mentiroso dirá rápidamente: "Fue genial", en lugar de decir: "¡Nos divertimos mucho!". que es más expresivo y comprometido que el anterior.

3. El Mumbler

¿Ha notado alguna vez que los niños tienden a murmurar sus respuestas cuando mienten? A menudo miran hacia abajo y colocan sus manos detrás de sus espaldas mientras murmuran una mentira.

Tenga en cuenta que esta respuesta no se limita a mentir; también podría revelar timidez. El gesto de murmurar también es eficaz para detectar el engaño. Es probable que un mentiroso murmure sus respuestas ya que no está seguro de sus respuestas.

Alguien a quien le apasiona lo que está diciendo aumentará el volumen de su voz y hablará más rápido.

4. Análisis de preguntas y declaraciones

Si eres un observador entusiasta, notarás que las preguntas y declaraciones tienen diferentes estilos de habla. Dejame explicar.

Cuando le preguntas a alguien: "¿Qué estás haciendo?" notará que la cabeza aparece en la parte -ing de la pregunta. Los ojos también se abren ante la última parte de la pregunta.

Si la persona responde con una declaración que tiene el estilo de una pregunta, entonces no está seguro de su declaración y está buscando una confirmación verbal de su parte. Sin embargo, si responde con certeza, entonces tiene confianza y es veraz en su respuesta.

Perfil psicológico

Estos signos de engaño muestran cómo piensan los mentirosos y qué características le faltan a una historia que la hace ficticia.

1. Se necesita un ladrón para conocer a un ladrón

La forma en que vemos el mundo es un reflejo de cómo nos vemos a nosotros mismos. Alguien que ve el mundo como un pozo negro de corrupción, mentiras y codicia puede estar lleno de estos aspectos negativos.

Tenga cuidado con aquellos que se apresuran a señalar fallas en los demás, ya que es probable que ellos mismos tengan esas cualidades. Es por eso que un estafador es siempre el primero en acusar a otro de hacer trampa.

Si alguien de la nada te acusa de hacer trampa o mentir, pregúntate: "¿Por qué esta persona es tan paranoica?" Es posible que esta persona esté proyectando sus propias cualidades sobre ti. Así que esté atento a estas pistas, ya que a menudo son señales de engaño.

2. Otra dimensión en la historia

Los mentirosos no siempre son buenos narradores; a menudo omiten el elemento crucial al contar una historia: el punto de vista de otra persona. Esto se debe a que la mayoría de los mentirosos no son lo suficientemente inteligentes como para agregar una tercera dimensión a la historia para darle más carne. Si bien el mentiroso incluye a la otra persona en su historia, puede omitir los pensamientos de la persona en la historia.

Esta no es una señal clara de engaño, pero es más creíble si incluye los pensamientos de otras personas en su historia.

Supongamos que le preguntó a su cónyuge sobre su paradero la noche anterior. En respuesta a su pregunta, ella le dijo que trabajaba hasta tarde. Sin embargo, no está convencido y decide presionar más y le pregunta qué cenó esa noche. Aquí hay dos respuestas que podría darte:

"Realmente no sentí hambre anoche. Entonces llegué a casa y jugué un juego con mi compañero de cuarto. Hizo una cazuela, pero yo la pasé ".

"Realmente no sentí hambre anoche. Así que llegué a casa y jugué un juego con mi compañero de cuarto. Mi compañera de cuarto estaba horrorizada de que yo me saltara la cena, especialmente su plato típico de cazuela ".

Dime, qué versión es más convincente, la primera o la segunda. Aunque ambas versiones contienen la misma información, la última agrega otra capa de pensamiento: la opinión de una segunda parte.

3. Menos aspectos negativos en una historia

Cuando alguien te cuenta una historia inventada, a menudo notarás la ausencia de aspectos negativos en la historia. Un mentiroso solo se enfocará en hacer bien la historia. Por lo tanto, se apegará a los pensamientos primarios que son positivos ya que lo negativo no es un pensamiento primario.

Por ejemplo, pregúntele a un amigo sobre sus vacaciones. Cubrirá los aspectos positivos y negativos del viaje, como el clima soleado y despejado o la confusión en las bolsas de viaje.

Por el contrario, cuando alguien inventa una historia sobre sus vacaciones, notará la ausencia de aspectos negativos en la historia. Hay una cláusula para esta pista: "Si la persona está explicando por qué se retrasó, debe esperar escuchar algunos aspectos negativos".

4. Rara vez le crea a alguien que diga esto

No hay señal más obvia para detectar mentirosos que aquellos que comienzan sus declaraciones con frases como "Para ser franco", "Para ser sincero", "Para ser perfectamente honesto". Tenga cuidado de creer a los que usan estas frases como lo siguiente que sale, suele ser mentira.

Alguien que dice la verdad no necesita usar estas frases para convencerte, aunque algunas personas tienen el hábito de usar estas frases todo el tiempo y puede que no sea una indicación de engaño.

Para aquellos que no usan estas expresiones habitualmente, es probable que sea una señal de engaño. Así que tenga cuidado si estas frases no forman parte del repertorio verbal de una persona.

También tenga cuidado con las frases persuasivas como "¿Por qué debería mentirle?" y "Sabes que nunca te mentiría.

Capitulo 9: Pensamientos de lectura

Lo que lo impulsa

Las personas se mueven por varias cosas. Por lo general, mostrarán lo que los impulsa al hablar de ello. Por ejemplo, alguien podría decir que quiere salir a buscar polluelos. Obviamente el sexo lo impulsa. Alguien que habla con frecuencia de dinero y ganar dinero es impulsado por la seguridad financiera y la riqueza. Alguien que habla mucho de socializar es un extrovertido que se ve impulsado por la interacción social.

Lo que impulsa a una persona puede indicar lo que quiere de ti. Lea el idioma de una persona para obtener pistas sobre lo que quiere en la vida. Su impulso puede indicar por qué está buscando algún tipo de relación contigo, ya sea profesional o personalmente. También indica lo que es importante para él. Si sus objetivos se alinean con los de él, entonces una relación es una buena idea. De lo contrario, es posible que desee mantenerse alejado de esta persona.

Lo que alimenta su ego

Observa el ego de una persona para descubrir qué lo alimenta. Mucha gente se alimenta de logros, como ganar dinero o terminar una dura maratón. Algunas personas se alimentan de los halagos y de ser objeto de deseo. Algunas personas se alimentan del sexo y las interacciones con el sexo opuesto. Lo que alimenta el ego de alguien es evidente por lo que más habla y lo que lo hace sonreír.

Además, observe sus respuestas a situaciones de la vida. Si un miembro del sexo opuesto coquetea con alguien y su ego florece, puede suponer que él o ella tiene baja autoestima y requiere mucha atención sexual para sentirse bien. Si se jacta de su barco y otras posesiones materiales, puede decir que el éxito material es lo que lo hace sentir completo.

Si alguien tiene un ego frágil que se alimenta de cosas superficiales como las posesiones materiales y la atención sexual, puede estar seguro de que tiene poca confianza. Los problemas que acompañan a la inseguridad probablemente prevalezcan en esta persona. También hará cosas para satisfacer su propio ego, perseguirá cosas y tomará decisiones estúpidas solo para mantener su ego a flote. Espere vicios en alguien así.

Pero si el ego de alguien se alimenta de cosas más sólidas, como sus propios logros o el amor de su familia, entonces probablemente sea una persona segura y confiable con una confianza saludable e intereses saludables. Puede confiar en que alguien así será un compañero más sólido en los negocios o en su vida personal.

Lo que lo estresa

Tenga cuidado con los factores estresantes de alguien. Todos tenemos una fuente de estrés. Lo que más se queja una persona suele indicar qué le causa más estrés emocional. Si se queja de la familia, la comunicación, el compromiso y no siempre salirse con la suya o no sentirse amado pueden causarle estrés. Si se queja del trabajo, es probable que su línea de trabajo y las tareas que debe realizar no se adapten bien a su personalidad. Si parece quedarse callado o molesto entre grandes multitudes, puede asumir que las grandes multitudes no son su fuerte.

Saber qué estresa a alguien es una información muy útil. Puede aprender qué evitar hacer con alguien. Puede volverse más sensible a lo que no le gusta a alguien y también a situaciones en las que una persona no funciona bien. Esta es una gran información para saber si contrata a alguien para que trabaje para usted o si comienza a salir con alguien.

Lo que le agrada

La gente hablará y hablará sobre lo que los hace felices. Lo más probable es que descubras qué hace feliz a alguien relativamente temprano en la conversación. Pero también puedes buscar pistas sobre lo que hace sonreír a alguien o en lo que alguien se fija con las pupilas dilatadas.

También es útil saberlo. Aprende lo que puede hacer para complacer a alguien. Esto puede convertirlo en un mejor amante, amigo o incluso empleador y compañero de trabajo.

¿Cómo se comporta bajo estrés?

La forma en que alguien maneja el estrés dice mucho sobre cómo te tratará cuando las cosas se pongan difíciles. La vida puede presentar muchos desafíos en tu camino, por lo que generalmente querrás personas que puedan manejar bien el estrés. Si surge una situación estresante y alguien literalmente se desmorona o se enoja ferozmente, solo sepa que probablemente no sea un amigo confiable en momentos de estrés. Tampoco es un buen prospecto en una línea de negocio estresante. Por otro lado, si es capaz de mantener la calma y la compostura bajo estrés, es alguien en quien puede confiar en el futuro.

Capitulo 10: Entender las intenciones

Todo está en los ojos: pistas para revelar verdaderas intenciones

Cuando se evalúa a los niños por problemas neurológicos, uno de los principales puntos observables es su capacidad para mantener un buen contacto visual. Aunque es un detalle intrincado, la capacidad de mirar a los ojos a otra persona durante una conversación habla maravillas del nivel de funcionamiento del niño. Si un niño es capaz de mantener contacto visual directo durante el transcurso de sus evaluaciones, se considera que se encuentra en una posición alta en el espectro social. Sin embargo, la incapacidad de mantener el contacto visual podría ser un signo de autismo o incluso ansiedad social. Los ojos revelan pequeñas verdades sobre el funcionamiento interno de nuestra biología.

Normalmente, ¿qué es lo primero que miras cuando conoces a alguien? Por lo general, sus ojos revelan aspectos de la belleza que resultan atractivos para los primeros encuentros. Muchos incluso recuerdan a las personas por la forma, el color y el tamaño de los ojos. Estamos programados neuróticamente para ser criaturas visuales que hacen asociaciones a través de lo que vemos. Generalmente, estas asociaciones están etiquetadas por lo que emitimos. Dado que todos los aspectos del cuerpo funcionan en conjunto con el cerebro, ¿cómo se comunican nuestros ojos con ciertos receptores?

El ojo se encuentra con el cerebro

La retina es como el guardián del ojo. Todo lo que vemos, a través del intercambio de luz, pasa a través de la retina y luego se transfiere a dos aspectos diferentes del ojo: bastones que controlan nuestra capacidad de ver por la noche y conos que manejan nuestras actividades visuales diarias, como la traducción de colores, la lectura, escritura y escaneo. Varias neuronas viajan por el ojo y se comunican con diferentes funciones dentro del ojo para transportar señales únicas. Estas señales luego se transportan a través del nervio óptico hasta la corteza cerebral. La corteza cerebral es como el cine del cerebro. Controla nuestros receptores visuales que son responsables de la percepción, la memoria y los pensamientos. Cuando nuestro ojo ve algo placentero, los investigadores han descubierto que la pupila en realidad se expande. Este fenómeno prueba que lo que vemos es cómo pensamos. A través de esto, podemos formular opiniones, sacar conclusiones e incluso interpretar los movimientos corporales.

Hay ciertas direcciones concretas realizadas por los ojos que indican verdaderas intenciones:

• Mirada derecha: se usa para recordar algo, tal vez un nombre, rostro, canción o libro.

• Mirada izquierda: se usa para recordar características físicas como el color, la forma, la textura y otros estimulantes visuales.

• Mirar hacia abajo en la posición correcta: esto controla nuestra imaginación y cómo creemos que es algo.

• Mirar hacia abajo hacia la izquierda: comunicación interna, las conversaciones que tenemos con uno mismo.

La forma en que nuestros ojos trabajan con el cerebro y la percepción es clave para comprender el lenguaje corporal. Dado que usamos todos los aspectos de nuestro cuerpo para comunicarnos, es natural que los ojos jueguen un papel importante en esta forma de comunicación. Seguro, los ojos pueden parecer unidimensionales para el individuo no entrenado. Sin embargo, sus ligeros movimientos pueden indicar todo lo que necesitas saber sobre una persona. Consideremos algunos ejemplos.

Contacto visual directo

El contacto visual directo puede significar una advertencia de emociones. Sin duda, la confianza en uno mismo es uno de los principales indicadores de los ojos cerrados. Al buscar un trabajo, los reclutadores a menudo instruirán a sus entrevistados para que miren al entrevistador a los ojos para mostrar conciencia. Esto le muestra al entrevistador que no se siente intimidado y que puede asumir cualquier tarea. De manera similar, los animales utilizan el contacto visual cuando interpretan la dominancia. Por ejemplo, un entrenador a menudo mirará a un perro a los ojos que está entrenando para establecer el dominio. Si el adiestrador bloquea los ojos y se niega a moverse, el perro sabrá escuchar sus órdenes. Los humanos también se comunican a través de señales dominantes. El contacto visual directo triunfa sobre el miedo. Demuestra que se siente cómodo con la conversación e indica interés.

Además, el equilibrio es la clave de todo. Demasiado contacto visual directo podría resultar intimidante para la persona receptora. Esta mirada intensa podría hacer que los demás se sientan incómodos, y tal vez incluso cuestionen su cordura general. Imagina entablar una conversación con alguien que nunca deja de mirarte a los ojos. Incluso cuando apartaste la mirada, sus ojos seguían fijos en los tuyos. Seguramente, los consideraría extremadamente extraños. Siempre es importante ser consciente de lo que hacen tus ojos, ya que mirar fijamente, en algunas culturas, podría considerarse de mala educación.

Mirando lejos

Cuando una persona evita el contacto visual, esto suele ser un signo de poca confianza en sí mismo. La persona puede sentirse incómoda con la conversación, la persona o el entorno en el que se encuentra. Además, la ansiedad que rodea los entornos sociales puede hacer que una persona se sienta aprensiva a mirar a los ojos a alguien que no conoce. Evitar el contacto visual también indica un conflicto interno. Quizás estén luchando contra los impulsos subconscientes de atracción; por lo tanto, evitan hacer contacto visual; o tal vez esconden algo que aumenta su ansiedad. Esto no indica que una persona sea tortuosa o incluso indigna de confianza. Pueden sufrir una autoconciencia debilitante que abruma su disposición.

Pupilas dilatadas

Las pupilas generan señales intrincadas que identifican incluso los cambios más pequeños dentro del cuerpo. Los estudios han demostrado que cuando a las personas se les presenta una pregunta desafiante, sus alumnos crecen. Cuando el cerebro se ve obligado a pensar más allá de sus capacidades, las pupilas en realidad se vuelven estrechas, según un estudio de 1973. Los alumnos también son indicadores clave del estrés en el cerebro. Los profesionales sanitarios iluminarán los ojos de sus pacientes con una pequeña linterna para comprobar la normalidad de sus pupilas. Si las pupilas tienen un tamaño equilibrado y reaccionan a la luz brillante, el cerebro no experimenta angustia. Sin embargo, cualquier desequilibrio podría indicar una lesión cerebral grave.

Las pupilas dilatadas expresan un interés extremo, incluso un acuerdo. Cuando vea o escuche algo que llame su atención, sus pupilas se dilatarán casi de inmediato. Lo mismo ocurre cuando a una persona se le muestra una representación de algo con lo que está de acuerdo. En 1969, un investigador venerado trató de probar la noción de que la dilatación de los alumnos puede revelar afiliaciones políticas. Al mostrar a los participantes fotografías de figuras políticas que admiraban, los ojos de los participantes se dilataron. Sin embargo, cuando se le mostró una foto opuesta, las pupilas se estrecharon; a menudo como una serpiente.

Lo que indican nuestras direcciones visuales

La posición de nuestros ojos y en qué elegimos enfocarnos durante una conversación puede decir mucho. Por ejemplo, mirar hacia abajo podría indicar vergüenza, incluso sumisión. Cuando los niños son reprendidos, a menudo miran hacia abajo para mostrar su desdén personal por su comportamiento. En la cultura china antigua, uno típicamente miraba hacia abajo en una forma sumisa para mostrar respeto a las autoridades. Por el contrario, mirar hacia arriba indicaba rasgos de altanería. A menudo se asocia con aburrirse o no querer participar en la actividad en cuestión. Además, mirar hacia arriba indica incertidumbre. Las películas y los programas de televisión pueden representar a un adolescente que realiza un examen y mira hacia arriba porque no sabe la respuesta.

Las miradas de reojo suelen ser señales de irritación interna. Por ejemplo, cuando un compañero de trabajo que no te agrada entra en la habitación, es posible que sin darte cuenta lo mires de reojo, simplemente porque es la pesadilla de tu existencia. Esto también puede ocurrir cuando se relaciona con personas que lo molestan. La conclusión de la mirada de reojo es el descontento. Cuando ve algo que simplemente no está bien, o incluso un individuo astuto, puede echarle un vistazo. Esto demuestra una repulsión total por su actitud, reputación o incluso sus expresiones.

Muchos atribuirían entrecerrar los ojos a no poder ver. Si bien es cierto, entrecerrar los ojos también puede imitar signos de incredulidad o confusión. Uno puede escuchar algo y querer más información. Por lo tanto, entrecierran los ojos mientras escuchan; es casi como si estuvieran diciendo: "No te creo ... ¡Necesito más respuestas!"

El estrés puede provocar un parpadeo rápido que hace que la persona entre en un frenesí. Puede notar que una persona parpadea rápidamente mientras se mueve frenéticamente para terminar una tarea. Esto puede ir acompañado de sudor o temblores. Por el contrario, un parpadeo excesivo podría ser un signo sutil de arrogancia. Un jefe, por ejemplo, puede parpadear rápidamente mientras habla con un empleado en un intento de descartar su conversación. Este parpadeo de acción rápida esencialmente ciega al jefe del empleado por menos de un segundo, lo que indica que preferirían dedicarse a otra cosa.

Una mirada directa combinada con un párpado y una cabeza bajos indica una atracción extrema. Es casi como una invitación de "ven aquí" entre compañeros. Esta mirada se intensifica a través de la atracción sexual e incluso puede inducir la dilatación de la pupila.

Incapacidad para concentrarse y déficit de atención

Un nistagmo ocular identifica cuánto tiempo le toma al cuerpo enfocarse en un punto después de experimentar un movimiento extremo. Si una persona tiene un nistagmo que dura más de 14 segundos, es posible que tenga dificultades para mantenerse concentrado. Una instalación académica evalúa la precisión del nistagmo de un niño haciéndolo girar varias veces y haciéndolo mirar hacia el techo. Luego, los ojos se mueven rápidamente, a veces dilatándose y luego estrechándose. Se documenta el tiempo que tarda el niño en estabilizarse. Además, se involucran en esta actividad giratoria semanalmente con la esperanza de fortalecer su capacidad para permanecer concentrados en una cosa a pesar de las muchas distracciones. A medida que continúen creciendo en tolerancia, sus ojos se estabilizarán en menos tiempo. El objetivo es fortalecer su capacidad para descartar las distracciones externas que ayudarán con el trastorno por déficit de atención. El movimiento de los ojos le dice a los profesionales capacitados exactamente cuánta asistencia necesitará un niño y en qué área específica. ¿No son magníficos los ojos?

Nuestros ojos abren la puerta a muchas revelaciones del yo. ¡Puede obtener una perspectiva psicológica sobre cómo se percibe a sí mismo y a los demás con una simple mirada! La irritación, la lujuria, la atracción e incluso la duda se pueden detectar prestando mucha atención. Dado que los ojos tienen un camino directo al cerebro, es natural que sean los guardianes del alma. Al implementar estos consejos rápidos en su vida social, tendrá la gran capacidad de analizar a una persona de una manera compleja. Por supuesto, los ojos también sirven para detectar engaños. A medida que continuamos viajando a través de nuestra aventura del lenguaje corporal, pronto aprenderemos cómo los ojos pueden revelar la confiabilidad de un individuo.

Capitulo 11: Cómo detectar la inseguridad

- Cuando ves a alguien que se comporta de manera irracional, es fácil descartarlo por ser emocional o dramático. Muy pocas veces nos detenemos a considerar que quizás esto pueda ser un signo de inseguridad. En lugar de analizar su lenguaje corporal para obtener una imagen completa y tratar de sentir empatía con ellos, elegimos ignorarlos, descartarlos o incluso molestarnos si su comportamiento irracional nos está afectando directamente. No nos detenemos lo suficiente para considerar que este comportamiento podría ser su forma de intentar encubrir su inseguridad emocional.

- Su capacidad para detectar la inseguridad puede resultarle ventajosa en varias situaciones. Negociación, resolución de conflictos e incluso dentro de una dinámica de resolución de problemas. Hay varias razones por las que podría manifestarse la inseguridad. Las personas pueden sentirse inseguras acerca de su apariencia, dinero, poder y, la mayoría de las veces, estas inseguridades pueden ser difíciles de manejar cuando no se sabe cómo identificarlas. Sin embargo, una vez que lo hace, le da una ventaja que puede utilizar para conectarse con la persona en un nivel con el que pueda relacionarse. En una situación de negociación, esto puede ser extremadamente útil para hacer que las probabilidades estén a su favor.

- Ser capaz de detectar la inseguridad también te servirá bien en términos de protegerte. A veces, estos individuos inseguros tienen una energía fuerte y negativa sobre ellos, y es fácil dejarse llevar por su confusión emocional y volverse inseguro si pasa suficiente tiempo con ellos. La falta de contacto visual, el ritmo nervioso, la postura encorvada, morderse las uñas en algunos casos, tocar repetidamente ciertas partes del cuerpo como el cuello y moverse son signos evidentes de inseguridad e incomodidad. Aparte del lenguaje corporal obvio que muestran, mantén los ojos bien abiertos para detectar los siguientes signos que indican que estás tratando con una persona insegura:

- También te hacen sentir inseguro: su inseguridad será tan fuerte que empezará a contagiarte. Deberá tener cuidado aquí, ya que comenzar a dudar de sí mismo lo convertirá en una presa fácil de los manipuladores.

- Preocupación constante: les preocupa constantemente que cada decisión que tomen se refleje negativamente en ellos. Expresan preocupación por no saber qué es lo correcto. Te piden que pienses varias veces, o incluso lo que crees que deberían hacer. Es posible que se disculpen por estar indecisos e incapaces de decidir todavía.

- Exhibirse - La inseguridad también podría manifestarse de una manera diferente, donde el individuo inseguro siente una necesidad constante de mostrar sus logros solo para sentirse mejor. Presumir constantemente de su increíble estilo de vida, sus maravillosos zapatos, sus enormes autos y su educación de élite. Todo esto se hace para convencerse a sí mismos de que lo tienen todo en un pobre intento por sentirse mejor consigo mismos.

- Ponerse a la defensiva: las personas inseguras se ponen aún más nerviosas, nerviosas y nerviosas cuando sienten que están siendo atacadas o presionadas para que tomen decisiones. Estarán preocupados por ofenderte o enojarte con algunas de las decisiones que tomen, pero pueden ponerse a la defensiva si sienten que están siendo atacados.

- Quejas frecuentes: siempre hay algo de qué quejarse cuando el mundo entero no parece correcto para el individuo inseguro. Pasarán horas, días, semanas o incluso meses reflexionando sobre las inquietudes y preocupaciones, y les resultará difícil escapar de ese "funk negativo" en el que se encuentran, sin importar cuánto trates de sacarlos de él. Incluso cuando no hay nada de qué quejarse, serán ellos los que encuentren algo mal.

- Naturaleza indecisa: les resulta casi imposible tomar una decisión y atenerse a ella. Dudarán, cuestionarán, saltarán de una opción a otra y seguirán haciendo la misma pregunta repetidamente, casi como si tuvieran dificultades para aceptar las respuestas que se les están dando. Incluso si les dio una posible solución, rechazarán su sugerencia inicial, pero luego regresarán y volverán a rodearla.

Dominar sus emociones es esencial para tratar con un individuo inseguro para evitar ser influenciado fácilmente por su estado emocional volátil e impredecible. La compasión y la empatía son especialmente importantes, lo que la persona insegura necesita es alguien que pueda entender por lo que está pasando. No alguien que esté ahí para juzgar, criticar o ridiculizar. La compasión requiere un enfoque equilibrado para que nuestras emociones negativas no sean exageradas ni reprimidas cuando se trata de un individuo inseguro. Este acto de equilibrio surge del proceso de relacionar nuestras experiencias personales con el sufrimiento de los demás. Su capacidad para analizar su lenguaje corporal y leer la comunicación tácita que se produce será su mejor activo en un momento como este.

La inseguridad es un estado emocional que surge tras una situación que se percibe como alarmante o amenazante. Si la persona enfrentada a este estímulo siente que sus recursos o habilidades son insuficientes para manejar y / o superar la situación, es probable que se sienta inseguro. Esta emoción puede manifestarse en forma de niveles más altos de ansiedad, agitación psicomotora, lo que permite que la persona se sienta nerviosa pero aún así pueda movilizar recursos adicionales para que tenga éxito. En estos casos, la inseguridad tiene un efecto protector, ya que evita que cometamos errores o asumamos riesgos innecesarios. Por ejemplo, cuando una de las parejas siente que su relación no es segura, pueden implementar algunas estrategias que, a su juicio, implican la solidificación de la relación, como la promoción del diálogo, salidas románticas o incluso seguimiento psicoterapéutico. Asimismo, cuando un trabajador percibe que su lugar está en riesgo de ser despedido, buscará alternativas para evitar el desempleo. Pero tanto en un contexto como en el otro, la inseguridad puede asumir un mayor nivel de intensidad, sin tener más efecto protector.

En estos casos, aunque es probable que esté dominado por creencias irracionales, que crecen en espiral y producen un efecto de bloqueo. La persona comienza a vivir de lo que la hace insegura sin, sin embargo, poder encontrar soluciones ajustadas. En el primer ejemplo, este estado de ansiedad podría traducirse en un conjunto de comportamientos que tienen tanto desesperación como sinsentidos, como comenzar a buscar en la celda de la pareja signos de una posible relación extramarital, comentarios agresivos y / o controladores, etc. En el siguiente ejemplo, podría suceder que la persona estuviera tan deprimida que no invirtiera ni en el trabajo actual ni en la búsqueda del nuevo puesto, permitiendo que la inseguridad tuviera el efecto de bloqueo.

¿Qué pistas o signos evidencia alguien inseguro? ¿Cómo podemos identificarlo?

Las personas más inseguras se sienten abrumadas por el miedo, y como consecuencia, suele ser más difícil que asuman una postura asertiva, es decir, tienen dificultades muy serias para expresar con claridad y honestidad lo que piensan y lo que sienten. Dentro de un grupo, ambos pueden esforzarse por pasar desapercibidos, ya que pueden hacer esfuerzos para complacer a todos. En la práctica, sienten un miedo intenso a fallar, a no cumplir con las expectativas, a no estar a la altura. Hay personas que tienen mucha confianza en términos profesionales y que son más inseguras en términos relacionales / afectivos. De la misma forma, hay personas que se sienten seguras y cómodas en el desempeño de roles relacionados con las relaciones efectivas pero que revelan serias inseguridades en otros ámbitos de la vida. Puede que no sea fácil reconocer a las personas más inseguras, especialmente si el análisis es superficial.

A veces es más fácil para un individuo inseguro reconocer a otro que comparte las mismas inseguridades, ya que es más consciente y más atento a ciertos detalles que acompañarán a la mayoría.

Capitulo 12: Alusiones personales

De vez en cuando, tratamos de evaluar y describir a las personas según su personalidad, lo que muestran frente a los demás. En ese momento, podemos preguntarnos "¿qué es una gran personalidad?"

Y también decimos que su personalidad puede ser como la de su papá. Entonces, en nuestra rutina diaria, podríamos hablar de la personalidad humana que crea un impacto duradero en otra persona.

Además, la personalidad de un individuo incluye rasgos y patrones que influyen claramente en su comportamiento, pensamientos, motivación y emociones. La personalidad es aquello que impulsa a un ser humano a comportarse como lo hace. Sin embargo, la personalidad humana también depende de los factores genéticos que muestra al mundo exterior.

¿Qué hace que alguien sea quien es? Cada individuo tiene su propia idea de qué tipo de personalidad tiene. Es por eso que los psicólogos han categorizado la personalidad humana en varios tipos.

Además del ambiente profesional, existen factores ambientales que pueden jugar un papel fundamental en el desarrollo y expresión de la personalidad humana. Desde la niñez hasta la adolescencia, la forma en que se cría a los niños generalmente depende de sus padres y sus estilos. De hecho, las diferentes normas y expectativas de la cultura hacen que una personalidad humana sea única y atractiva.

Ahora, pongamos algo de luz sobre los principales componentes de la personalidad humana que hacen de un ser humano una persona perfecta:

Impacta el comportamiento y las acciones humanas: la personalidad humana no es solo cómo respondemos y actuamos en determinadas situaciones. Más bien, ha obtenido beneficios más exclusivos de acuerdo con sus experiencias pasadas. Significa que nos obliga a actuar de una determinada manera que quizás a usted no le guste.

Muestra múltiples lados: una personalidad no es solo nuestro comportamiento con los demás o con nosotros mismos, sino que es una combinación de nuestros propios pensamientos, sentimientos, emociones e interacciones sociales.

Ahora hablemos de los rasgos de personalidad de un individuo que los hacen únicos y diferentes:

- Apertura
- Conciencia
- Extraversión
- Amabilidad
- Neuroticismo

Estos cinco rasgos actúan como ingrediente para formar la personalidad humana.

Apertura: las personas abiertas son muy aventureras y abiertas frente a los demás. De hecho, tienen mucha curiosidad por conocer cosas nuevas y siempre aprecian el arte, la imaginación y el buen pensar. El objetivo principal de las personas abiertas es agregar sabor a su vida o la de los demás.

Aparte de eso, un individuo que no es abierto tiene los hábitos opuestos. Quieren limitarse a su comportamiento y hábitos habituales.

Conciencia: las personas concienzudas son más responsables y están bien organizadas. Este tipo de personas son independientes, enfocadas en lograr sus objetivos y bien disciplinadas. Además, no serán contraproducentes ningún tipo de viaje que se les presente en la vida.

Las personas que tienen poca conciencia son más espontáneas y libres. Son muy descuidados con su vida. Este rasgo ayuda a lograr metas en la vida escolar o universitaria y también en el trabajo.

Extraversión: las personas que tienen un rasgo de extraversión son muy sociables, conversadores y extraen energía de la multitud. Son muy asertivos y alegres en las interacciones sociales.

Además, lo opuesto a la extroversión es un introvertido que quiere pasar tiempo solo con menos interacción social. Su carácter es muy tímido, pero son perfectamente encantadores en las fiestas.

Amabilidad: este rasgo mide el corazón de una persona en forma de amabilidad. Es probable que cualquiera pueda confiar en ellos y son muy útiles y compasivos.

Por el contrario, la gente es fría y desconfiada, y no coopera fácilmente.

Neuroticismo: este tipo de personas sufren más tensión y caen fácilmente en la ansiedad y la depresión. De una forma u otra, encuentran cosas de las que preocuparse. Debido a estos factores, un individuo con neuroticismo está vinculado a malos hábitos de salud.

Tipos de personalidades

¿Ha pensado alguna vez por qué los seres humanos hacen lo que hacen?

¿Por qué la gente reacciona de forma diferente a la misma situación?

En su vida hasta ahora, ¿ha tratado de comprender a alguien, tal vez a sus seres queridos?

¿Y cómo, a pesar de las diferentes naturalezas, te llevas bien con la gente en casa o en el trabajo?

Cada individuo es único de pies a cabeza y, a pesar de todo, es muy sorprendente reconocer la personalidad de cualquier persona. Los psicólogos han clasificado la personalidad humana en diversas categorías para que sea fácil de identificar. Además, todos estos tipos de personalidad nos dicen cómo los individuos perciben el mundo internamente y cómo interactúan con otros en diferentes situaciones.

Como todos somos diferentes, y esta diferencia hace que nuestro lugar y nuestra vida sean más interesantes. Es por eso que algunas personas tienen éxito fácilmente en su vida, pero otras toman tiempo. ¿Te has imaginado que pasa si todas las personas fueran iguales?

Para entender esto, permítanme darles un ejemplo, imagínense que una casa está en llamas y de entre muchas personas, algunas se apresuran hacia la casa para evacuarla, algunas de ellas están haciendo arreglos para la ambulancia. Aparte de esto, la mayoría de la gente llama a los bomberos. En este escenario, si todos los individuos harán un solo trabajo, entonces quién hará los otros arreglos. Este es uno de los ejemplos de personalidades variadas que es muy crucial para manejar cualquier situación.

Cada ser humano reacciona de manera diferente en las mismas situaciones que se requieren para vivir la vida. Estamos motivados por diferentes personalidades, sus pensamientos, acciones y reacciones. Es por eso que numerosos humanos eligen sus modelos a seguir y quieren que sean como ellos.

Ahora surge la siguiente pregunta: ¿por qué es esencial comprender la personalidad humana?

Bueno, desde un punto de vista académico, es muy interesante pero, si hablamos de la vida entonces es mucho más esencial que lo académico. Cuanto mejor se comprenda a sí mismo y a los seres humanos, más capaz se volverá para lidiar con diferentes situaciones y tendrá más éxito.

Comprender la personalidad humana es un tema práctico para que usted mismo mantenga su vida, maneje situaciones variadas, maneje los problemas y, lo más importante, maneje y comprenda su propio impacto en la vida de otra persona.

Entonces, ser ciego a su propia personalidad conduce a estas cosas:

- La negatividad dentro de nosotros queda por desbloquear; que, como resultado, se convierte en un obstáculo para el éxito.

- Solo nos enfocamos en nuestras debilidades, no en las fortalezas.

- Puedes perder la oportunidad de jugar con tu fuerza y mejorar tus rasgos negativos.

Y también necesita comprender a la persona opuesta, lo que luego conduce a:

- Entendiendo a otra persona, intentas interactuar con ella según la situación.

- Si bien comprende toda la personalidad del individuo, no puede quedar atrapado en su primera impresión.

Por lo tanto, sería muy beneficioso comprender la personalidad humana que conduciría a la felicidad, el crecimiento y el autodesarrollo.

Conclusión

Sea coherente con sus palabras y señales no verbales.

Al hablar con otra persona, lo influenciamos, nos guste o no. A veces lo hacemos de forma intencionada, por ejemplo, cuando intentamos cabrear o animar a alguien. Las declaraciones que requieren una reacción pueden ser las siguientes:

"Escuchaste eso ...", o

"¡Este desagradable Mel Gibson!", O

"¿Sabes lo que pasó?", O

"Te quiero".

Con nuestras propias declaraciones, inconscientemente podemos hacer que una persona tenga una variedad de asociaciones y reacciones. Por ejemplo, preguntar "¿Cómo estás?" Nunca sabemos cuál será la respuesta. Una persona puede sacar o derramar todo su dolor.

Nuestro estado de ánimo también puede afectar a los demás. Si somos felices, todos los que nos rodean también están felices. Estamos tristes y los demás también lo están. A menudo le pedimos a la gente que cambie:

"¡Contrólate!"

"¡Tómalo con calma!"

Para actuar con más fuerza, hay que simultáneamente con las palabras producir acciones que convenzan al interlocutor de la seriedad de sus intenciones. Si quieres calmar a alguien, no debes tomarlo por los hombros y sacudirlo con un grito "¿Cuándo finalmente te calmarás?". Para hacer esto, primero debes calmarte. Los padres de bebés comprenden lo difícil que es, pero incluso con los niños funciona. "Debes estar cansado", es la forma de hablar, acompañando las palabras con un bostezo.

En este caso, debe irradiar tranquilidad, hablar en voz baja, hacer movimientos corporales suaves y respirar de manera uniforme. Para darle confianza a alguien, debe actuar con seguridad. Actuando así, le das a la mente del interlocutor una pista, un ejemplo: muestras con tu apariencia que es posible alcanzar el estado deseado. Existe un entendimiento mutuo a nivel personal. Cuando hablas de algo, analizas; cuando actúas, creas impresiones, a veces muy fuertes. Piensa por ti mismo: ¿preferirías hablar de un beso o recibir un beso?

Si sus palabras significan una cosa y el lenguaje corporal y la voz significan otra, la persona preferirá escuchar el mensaje no verbal. Si alguien grita "¡Cálmate!", No escucharás las palabras, sino los sentimientos que este grito te provocará. Es poco probable que te calmes, más bien, al contrario, te pones un poco más de nerviosismo. Para hacer esto, ni siquiera necesita saber leer la mente.